rowohlts monographien
begründet von Kurt Kusenberg
herausgegeben
von Wolfgang Müller

Arno Schmidt

mit Selbstzeugnissen
und Bilddokumenten
dargestellt von
Wolfgang Martynkewicz

ro
ro
ro

Rowohlt

Herausgeber: Wolfgang Müller
Redaktion: Uwe Naumann
Redaktionsassistenz: Katrin Finkemeier
Umschlaggestaltung: Walter Hellmann
Vorderseite: Arno Schmidt vor seinem holzverschalten
 Bargfelder Refugium, Mitte der siebziger Jahre
(Arno Schmidt Stiftung, Bargfeld. Foto: Alice Schmidt)
Rückseite: Die Zettelkästen zu «Julia, oder die Gemälde»
auf Arno Schmidts Schreibtisch in Bargfeld,
aufgenommen kurz nach seinem Tod
(Arno Schmidt Stiftung, Bargfeld.
Foto: Jan Philipp Reemtsma)

Originalausgabe
 Veröffentlicht im Rowohlt Taschenbuch Verlag GmbH,
Reinbek bei Hamburg, Mai 1992
Copyright © 1992 by Rowohlt Taschenbuch Verlag GmbH,
Reinbek bei Hamburg
Alle Rechte an dieser Ausgabe vorbehalten
Satz Times PostScript Linotype Library, PM 4.0
Langosch Grafik+DTP, Hamburg
Gesamtherstellung Clausen & Bosse, Leck
Printed in Germany
1090-ISBN 3 499 50484 7

2. Auflage. 5. – 12. Tausend Dezember 1992

Inhalt

Arno Schmidt

Schmidt??

Als Arno Schmidt zum erstenmal in den Opel Kapitän seines Freundes Wilhelm Michels einstieg, soll er gesagt haben: *Fahren Sie langsam, damit man sieht, daß ich im Kapitän fahre!*[1] Das war im Juni 1955 in Kastel an der Saar. Schon in dieser Anekdote zeigt sich der Habitus des Schriftstellers Schmidt, sein Hang zur Geste, sein Wille zur Selbstinszenierung, sein Wunsch, im Mittelpunkt zu stehen.

Der Glanz eines feudalen Automobils bot ihm zu dieser Zeit eher die Gewähr dafür, die Blicke auf sich zu ziehen, als seine Literatur. In den fünfziger Jahren konnte er sich in seinen Erzählungen und Romanen – mangels Resonanz – nur selbst verkünden. Und er tat dies in der Manier eines Rollenspielers, der, wenn er die Gesten seiner Übergröße zur Schau trug, zwischen Komödie und Tragödie schwankte.

In *Goethe und Einer seiner Bewunderer*, geschrieben 1956/57, lädt der Erzähler ‹Schmidt› den kurzzeitig zum Leben erweckten Kollegen Goethe zu sich ein, und der große Olympier will natürlich wissen, wie es seit seinem Tode weitergegangen ist mit der Literatur, wer denn nun die besten deutschsprachigen Autoren sind. Der Erzähler ‹Schmidt› ziert sich ein wenig, zählt dann aber doch eine ganze Reihe von stattlichen Namen auf, um am Schluß, in gehörigem Abstand und mit ein bißchen Augenzwinkern, den eigentlich wichtigen zu nennen: Schmidt. *‹Schmidt?? – –: ach so›* sagte er gnädig, als ich stumm auf mich wies, und schmunzelte verständnisvoll: ‹Gut. – –: sogar *sehr* gut!›[2]

Die Prägung

Geschichte und Vorgeschichte

Am 18. Januar 1914, einem Sonntag, kommt Arno Schmidt in Hamburg-Hamm zur Welt. Es ist ein kalter Wintertag. Von Rußland bis zum Atlantischen Ozean herrscht zumeist eisiges Frostwetter, selbst Frankreich hat, wie es im Wetterbericht der Deutschen Seewarte heißt, «weit verbreitet strenge Kälte»[3]. Während im Süden Deutschlands die Temperaturen bis auf minus 9 Grad und im Osten bis auf minus 14 Grad sinken, hat sich in Hamburg das Hoch bereits abgeschwächt, bei bedecktem Himmel und einem Nordostwind der Stärke 2 werden Temperaturen um den Gefrierpunkt und ein fallender Luftdruck von 760,7 mm Hg gemessen.[4]

Für Schmidt, der als Erwachsener Hochdruck nicht verträgt und auf dessen Schreibtisch stets Barometer und Thermometer stehen werden, der in seinen Tagebüchern von sechs Zeilen zwei dem Wetter einräumt und *sehr komplizierte Arbeiten*[5] nur bei fallendem Luftdruck unter 1000 mbar anfängt, ein ganz passabler Start.

Doch in Hamburg redet in diesen Januartagen des Jahres 1914 kaum einer vom Wetter. Es sind die letzten Monate vor dem ‹großen Krieg›, der lange vorhergesagt und der nicht zuletzt auch von einer kollektiven Mentalität getragen und befördert wurde. Im Juli 1914 entlädt sich diese Mentalität, insbesondere innerhalb der bürgerlichen und kleinbürgerlichen Schichten, in einem Hurra-Patriotismus, der den kommenden Krieg als Volksfest feiert. Am 31. Juli war es dann soweit: Ein Offizier des Regiments Hamburg ritt «an der Spitze eines Zuges Infanterie durch die Straßen der Stadt und verlas auf den öffentlichen Plätzen die kaiserliche Verordnung über die Verhängung des Kriegszustands. Um 11 Uhr abends verbreiteten Extrablätter die Nachricht vom deutschen Ultimatum an Rußland. Einen Tag später, am 1. August gegen 6 Uhr abends, wurde die deutsche Mobilmachung bekannt. Der Krieg war zur Gewißheit geworden.»[6]

Diese eher zufällige Koinzidenz zwischen Geburt und Kriegsbeginn wird für Schmidt zum Kismet seines Lebens. Von hier an datiert er jenes *Zu spät!*[7], das er über seinen Start, ja, über seine ganze Laufbahn verhängt sieht. Schmidt, der schon früh den Drang verspürt, in allem ganz anders werden zu wollen, der von einem Klassenwechsel und vom Ruhm als Schriftsteller träumt, ist im Grunde zeit seines Lebens ein Mensch, der an einen mechanischen Determinismus glaubt, das heißt daran, *daß die Zukunft genau festliegt, jede Einzelheit*[8].

Zeugung und Geburt sind für ihn willkürliche Daten, die Vorgeschichte aber, mit der der Mensch auf die Welt kommt, empfindet er als restriktive Wahrheit oder, mit einem vielleicht etwas pathetischen Begriff, als Schicksal, das für ihn jenes Ensemble von Möglichkeiten bezeichnet, an das alle seine Entwürfe gebunden sind. Es gibt Menschen, die sich außerhalb ihrer Geschichte stellen und mit jenem Kind, das sie gewesen sind, nichts mehr zu tun haben wollen. Schmidt hängt jedoch, wie es Sigmund Freud von den Neurotikern sagt, «affektvoll»[9] an den Erinnerungen seiner Kindheit; er kommt von der Vergangenheit nicht los und wird im Fortschreiten der Zeit von ihr festgehalten, besser gesagt, bestimmte Anteile seiner Persönlichkeit werden festgehalten und an einer Schwelle arretiert, die er sein ganzes Leben nicht überschreitet. Hans Wollschläger spricht vom «Angewurzeltsein des Fliehenden»[10]. Aber ist Schmidt wirklich ein Fliehender, ein Mensch, der vom Wunsch des Entkommens beseelt ist? Oder trifft diese Metapher nicht vielmehr nur die imaginäre Seite seines Lebens, die er im Werk darzustellen und in seinen Figuren zu verkörpern versucht? Sehen wir uns, um diese Frage zu beantworten, die Vorgeschichte etwas genauer an.

Sein Vater, Friedrich Otto Schmidt, ist zur Zeit von Arnos Geburt Polizist in Hamburg. Er ist im Dezember 1911 von Schlesien kommend an die Alster gezogen. Drei Monate später, am 18. März 1912, hat er in Lauban geheiratet und seine Frau und seine einjährige Tochter Luzie mit nach Hamburg genommen. Seiner schlesischen Heimat trauert er nicht nach; mit Stolz zeigt er sein Leben lang den 1915 erworbenen Hamburger Bürgerbrief vor. Er möchte sich hier integrieren, einen Platz finden und endlich in geordneten Verhältnissen leben. So macht er sich zum Polizisten, zum Familienvater, zum Kleingärtner. Das sind die Rollen, die ihm das Leben anbietet, er wird sie aus dem einzigen Grund zu spielen versuchen, weil er hofft, so seinem Leben Ordnung und Sinn zu verleihen. In Wahrheit ist er nichts von alldem, spürt er in jeder Lebenssituation eine Distanz. Arno Schmidt wird ihn später *egoistisch*[11] nennen, und er unterscheidet sich in diesem Urteil nicht sehr von dem seiner Mutter, die in ihm einen Mann sieht, der keine Opfer bringen konnte. Dieser Egoismus aber ist nur ein anderer Ausdruck für sein Scheitern.

In Halbau (Schlesien) ist er als uneheliches Kind 1883 zur Welt gekommen. Der Vater setzte sich kurz vor seiner Geburt in die USA ab. So

Der Vater:
Friedrich Otto Schmidt

wächst er die ersten sechs Jahre bei den Großeltern auf. 1889 heiratet die
Mutter und holt ihn nach Berlin-Weißensee. Die Verhältnisse sind ärm-
lich; der Stiefvater kann der Familie keinen Halt geben. Die Erinnerung
an ihn ist vage und widersprüchlich: Arno Schmidt hält ihn für einen
Metallarbeiter[12], seine Mutter für einen «Zigarrenmacher»[13], später entpuppt er sich als *ein gebildeter Mann*[14], der seinem Enkelkind, Arnos
Schwester Luzie, Homers «Odyssee» schenkt.

Bis zur Konfirmation bleibt Otto Schmidt in Berlin-Weißensee, dann
kehrt er zurück nach Halbau und lernt bei seinem Onkel das Glasschlei-
ferhandwerk. Doch dabei hält es ihn nicht lange, er entscheidet sich für
eine Karriere als Berufssoldat. Von 1904 bis 1906 ist er im Grenadierregi-
ment Frankfurt/Oder stationiert, dann *stach ihn*, wie Arno Schmidt später schreibt, *der Hafer*[15], er meldet sich zum Kolonialdienst im Ostasien-
detachment und geht für zweieinviertel Jahre, bis zum 12. August 1909,
nach China. Es werden die Jahre seines Lebens sein, die Otto Schmidt
am stärksten beeindruckt, ja fasziniert haben. Aus diesem Zeitabschnitt
stammt jene Seite des Vaters, die selbst in dem maßlos überzeichneten

Bild des Sohnes noch Sympathien ausdrückt: der Vater, so schreibt Arno Schmidt in einer frühen Erzählung, *der sehr viel zauberhafte Dinge wußte, von feuerspeienden Bergen, von Chinesen und von Sternen*[16].

Abenteuer sind begrenzt, auch dieses; und Abenteuer sollen, folgt man dem Philosophen Georg Wilhelm Friedrich Hegel, nur dazu dienen, damit man sich hinterher wieder besser auf das bürgerliche Leben einlassen kann.[17] Ist das hier der Fall? Äußerlich ja, innerlich aber bleibt dieser Mensch mit sich und der Welt im Widerspruch.

Er kommt zurück nach Schlesien, wird Grenadier in Lauban, später Sergeant. Hier lernt er auch seine Frau, Clara Ehrentraut, kennen; es kommt zu einer ungewollten Schwangerschaft. Als Folge davon wird am 18. März 1911 Luzie, Arnos Schwester, in Lauban geboren. Nach langem Hin und Her heiratet man genau ein Jahr später. Damit hat er seine, wie Arno Schmidt sagt, *desparate Jugend*[18] hinter sich gelassen: eine Versorgungslaufbahn als Polizist, eine Familie, eine Mietwohnung und einen gepachteten Kleingarten, darauf gründet sich jetzt seine Existenz.

Doch dieser Mann spürt irgendwann, daß er keine Zukunft hat. Was ihm winkt, sind routinemäßige Beförderungen, Auszeichnungen, seine Pensionierung und der Tod. Diesen Zyklus vor Augen, beginnt er zu fliehen. Immer häufiger redet er jetzt von seinen China-Erlebnissen, träumt er davon, zurückzukehren und ein neues Leben zu beginnen. *Ich weiß noch genau*, schreibt Arno Schmidt, *wie mein Vater immer erregter & wilder aufs Auswandern wurde.*[19] Aber die Pläne scheiterten.

Da er als Polizist nicht zum Kriegsdienst eingezogen wird, meldet er

Ansichtskarte des Vaters aus China, um 1909

Die Mutter: Clara Schmidt, geb. Ehrentraut

sich nach dem Krieg, 1919, zum Einsatz im Baltikum. Er kehrt zurück, und schon nach kurzer Zeit hat er diesen absurden Zyklus wieder vor Augen; nun wird er renitent, disziplinlos und aufsässig gegen Vorgesetzte und Mitmenschen. Er beginnt seine Uniform, «das ewige Männchen machen, und bei jeder Gelegenheit stramm stehen»[20], zu hassen. Als er einmal die Ehrenbezeigung gegenüber einem Vorgesetzten unterläßt, wird er strafversetzt, man schiebt ihn nun von Polizeiwache zu Polizeiwache. Seine Pflichten als Familienvater und Ehemann nimmt er kaum mehr wahr; mit seiner Frau entzweit er sich, es kommt immer häufiger zu Verhältnissen mit anderen Frauen. Seine – von allen Familienmitgliedern lebhaft erinnerte – «kerzengerade Haltung»[21] ist nur noch Fassade, schon längst ist er ins Taumeln geraten und von einer Krankheit gezeichnet. Am 8. September 1928 stirbt er an einer Herzkrankheit. Man trauert ihm nicht nach, sondern fühlt sich eher erlöst und befreit: *Mein Vater – leicht sei ihm, dem Schlesier, die hanseatische Erde*[22], ruft Arno Schmidt ihm später nach. Doch aufrichtig ist das nicht gemeint, eher mit beißender Ironie gesagt, von einem, der sich durch seine Kindheit zeit seines Lebens aufs äußerste verletzt fühlte.

Schmidts Mutter, Clara Ehrentraut, ist, als sie die Ehe eingeht, gerade achtzehn Jahre alt, ihr Mann schon fast dreißig. Sie wird auf Grund dieses Altersunterschieds das Gefühl nicht los, mehr Tochter als Ehefrau zu sein. In erster Linie, so berichtet sie ihrem Sohn, habe «ich viel von Papa gelernt»[23].

Wissen und Erfahrung sind auf der Seite des Mannes, der ihr, wie ein Vater seiner Tochter, die Welt erschließt und ihre Beziehung zur Wirklichkeit vermittelt. Nur in einem ist sie sich auch späterhin noch sicher: daß sie «für ihn keine Frau war»[24]. Auch in der Beziehung der Kinder zum Vater, in den unzähligen Konflikten, die sie als «Kleinkrieg»[25] schildert, nimmt sie eher die Position einer älteren Schwester als die der Mutter ein.

In der Zeit, als beide Kinder noch klein sind, machen alle drei gern Spaziergänge. Sie laufen durch die halbe Stadt, ihr Ziel steht fest, es sind die Landungsbrücken in St. Pauli: «Da konnten wir Drei gar nicht genug bekommen; und wenn Wir Glück hatten, fuhr weg, oder kam an ein großer Dampfer von Übersee, das war das Schönste.»[26] Doch der sehnsüchtige Blick der Mutter gilt nicht den fernen und fremden Ländern, es ist ein Blick zurück, in die Welt ihrer Kindheit, aus der sie vertrieben wurde und in die sie wieder eintauchen möchte. Später gesteht sie ein: «Ich habe sehr unter dem Heimweh gelitten, nicht nach meiner Mutter, denn die war mir wesensfremd, wohl aber nach der Heimat.»[27]

Mit Hamburg verbindet sie nichts; das Leben in der Stadt geht an ihr vorbei. Erleichterung bringen ihr lediglich die jeden Sommer stattfindenden Reisen nach Schlesien, und schon von Weihnachten an zählt sie die Tage und wartet «sehnsüchtig auf den Sommer»[28].

Das unstete und unruhige Naturell ihres Mannes lösen in ihr Ängste und Befürchtungen aus. Nichts erscheint ihr, die später schreibt, «das Schönste wäre, an dem Fleck, wo ich geboren bin, auch sterben zu können»[29], so bedrohlich wie eine weitere Ortsveränderung. Doch sollte ihr Mann es wollen, sie würde ihm bedingungslos folgen und «sich fügen»[30]. Zum Opponieren, zum Widerstand und zur Verweigerung fehlen ihr einfach die Mittel. Wo ihr Mann aufbraust, reagiert sie mit stummem Protest, das heißt mit «wochenlangem Schweigen»[31]. Was an der Oberfläche als passiver Gehorsam erscheint, ist eine Abwehranpassung, die als einziges Mittel übrigbleibt, wo Zustimmung und Widerstand **gleichermaßen** unmöglich sind. Gehorsam und Unterwerfung sind für sie Gesten, die das ‹Leben› von ihr fordert, die sie spielen muß, um zu sein. Folgerichtig fehlt den Gesten die Unmittelbarkeit und die Natürlichkeit des Ausdrucks, denn in Wahrheit sind sie fingiert, tragen sie die Male der Verstellung, der Unaufrichtigkeit. Für ihren Sohn, Arno Schmidt, wird sich daraus die Empfindung herleiten, daß die Mutter *zeitlebens von abstoßendster ‹Unechtheit› gewesen*[32] sei. Dabei ist die Echtheit eigentlich ihr Ideal, das heißt, sie bewundert es am anderen, zum Beispiel an ihrem Sohn, der hatte «wenigstens Charakter»[33], sagt sie später.

Wie der Mensch, der nicht nein sagen kann, weil er Angst hat, dieses Nein würde ihn isolieren und man würde ihn verstoßen, identifiziert sie sich mit allem und jedem. Vor nichts nämlich fürchtet sie sich so wie eben vor dem Verstoßenwerden.

Aufgewachsen ist sie unter ärmlichen Verhältnissen in Lauban als Tochter eines Gerbergesellen, den ihre Mutter in zweiter Ehe geheiratet

Johann Gottlieb
Ehrentraut, Arno Schmidts
Großvater mütterlicherseits

hatte; aus der ersten Ehe stammen noch drei weitere Kinder. Diese Großmutter mütterlicherseits ist übrigens der einzige Großelternteil, den
Arno Schmidt noch persönlich gekannt hat. Zwischen Großvater und
Enkel soll es eine verblüffende Ähnlichkeit gegeben haben. Die Mutter
wird jedenfalls zeitlebens daran festhalten, daß ihr Sohn *ihm wie aus dem
Gesicht geschnitt'n*[34] sei. Was der auch gar nicht ungern hört, ist er doch
dann nicht seinem *Vater so sehr ähnlich, als vielmehr Jenem*[35].

Von diesem Großvater wird nun berichtet, daß er *gar zu gern ‹einen
Jungen› gehabt*[36] hätte: *meine Mutter*, so Arno Schmidt, *bekam, wie sie
erzählt, das Haar immer kurz geschoren, um ihm wenichstens die Illusion
eines Knaben zu verschaffn*[37]. Als der Großvater 1910 starb, waren von
den vier Kindern drei verheiratet, nur Schmidts Mutter, Clara Ehrentraut, blieb noch übrig. Von dem wenigen Geld, das der Großmutter nach
dem Tod ihres Mannes blieb, konnte sie kaum allein leben, geschweige
denn ihre Tochter weiterhin versorgen. Was dann kam, umschreibt Arno
Schmidt in *Abend mit Goldrand* mit den Worten: Die Großmutter *mit der*

*bekanntn realistisch'n Härte der Armen, besah sich die stramme 15Jörije –
(...) – und hat sie (...) systematisch verkupp'lt*[38].
Dies ist der letzte Akt eines Dramas, mit dem sie aus ihrer Kindheit
vertrieben und verstoßen wird. Was sich bei ihr an Gewißheit davon erhalten hat, ist die Wesensfremdheit gegenüber der Mutter. Alles andere
aus ihrer Kindheit aber verfällt der umformenden Macht der Zeit: «Ich
hatte eine schöne Kindheit gehabt»[39], schreibt sie später. In Wahrheit hat
sie die eigene Kindheit, die wirkliche, aus ihrem Gedächtnis gerissen, um
sie in einer anderen, der ihres Sohnes, zu verwirklichen. Ein Unternehmen, das in der Regel mißlingt.

Kindheit zwischen Wohnküche und Balkon

Betrachtet man das Leben Arno Schmidts vom Ende her, dann erscheint
es zunächst wie eine Ironie des Schicksals, daß dieser Mensch, der sich *in
entscheidendem Maße vom **Ort** abhängig*[40] wähnt und der zeitlebens für
Flachland und *karge, menschenleere Öde*[41] schwärmt und sich mit augen-
zwinkernder Ironie gerne einen *Heidedichter*[42] nennt, der also, kurzum:
das Stadtleben nicht mag[43], ausgerechnet die ersten fünfzehn Jahre seines
Lebens in der Großstadt zubringen mußte. Von hanseatischer Weltoffen-
heit und pulsierendem Großstadtleben scheint der ‹Solipsist in der Heide› Lichtjahre entfernt. Doch am Ende seines Lebens hat Schmidt immer
wieder einen merkwürdigen Traum, einen Traum, *wo ich (...) eine hamburger Straße entlang gehe, und, nahtlos, im 50 Jahre späteren Bargfeld
lande*[44].
Solche Synthetisierungen und Verdichtungen unterschiedlicher Reali-
tätsebenen sind dem Traum eigentümlich. In diesem Fall aber kommt
dem Traum die Realität zu Hilfe. Insofern nämlich, als es reale Beziehungen zwischen der Lebenswelt in Hamburg-Hamm und der in Bargfeld
gibt, also zwischen dem Platz, der ihm durch Geburt und elterliche Ent-
scheidung zugewiesen wird, und dem Platz, den er sich frei wählt.
In seinen Kindheits- und Jugendjahren in Hamburg ist vom Großstadt-
einfluß wenig zu spüren: *Hafen, Alster, Rathausmarkt, City-allgemein* waren für Schmidt: *Nebensache, unbedeutend, ein selten erblickter lärmender
Rand.*[45] Schmidts Erfahrungen beschränken sich im wesentlichen auf den
Stadtteil Hamm, der allerdings hatte, insbesondere im südlichen Teil, mit
seinen Kanälen, seinen Löschplätzen, seinen Mietskasernen und Schre-
bergärten nichts Hanseatisches. *In meiner Kindheit,* so erinnert sich
Schmidt, *wirkte das Ganze mehr wie die lebmsgroße Zeichnung eines
geplant'n Viertels. Die Straßen waren meist schon fertig gepflastert; adrett,
mit Bürgersteig und KantStein; von den künftig sie säumenden Häusern,
standen jedoch meist nur die EckBauten – dazwischen gähnten leere
‹Gründe›; dh die schon ausgehobenen riesigen BauGruben, 2 manchmal*

vielleicht 3 Meter tief, und hunderte Meter lang und breit, oft noch mehr. (...) Die ersten 10–12 Jahre meines Lebens, geschah dort nichts; der Krieg, und anschließend seine Auswirkungen (‹Inflation› etc.), verhinderten jegliche Bautätigkeit. (...) Die Ödnis dieser Gebiete war erschreckend! Keine Blätter tanztn nach der Pfeife des Windes; höchstens etwas Staub. Die wenijen Menschen grüßten einander nicht. Vom Pflaster sah man in die Hinterhöfe: die graudreck'jen Fassadn mit riesijen schwarzen Flekken.[46]

Schmidt empfand diese Umwelt als feindlich, und wenn man seinen Erinnerungen Glauben schenken darf, dann hat er als Kind – von seltenen Besuchen im nahe gelegenen Hammer Park einmal abgesehen – nicht oft hier gespielt. Das eigentliche Leben fand in der Wohnung statt, die aus zwei Zimmern und Küche bestand, jedoch kein Bad hatte. Davon war ein Zimmer die ‹Gute Stube›, die nur an Festtagen benutzt wurde, so daß alle vier Familienmitglieder in ein und demselben Zimmer schliefen und ansonsten *jahraus-jahrein,* **nur in der Küche**[47] lebten. Diese *immerhalbdunkle hamburger ZILLE-Küche*[48] wird als ein scharfes Erinnerungsbild durch Schmidts Werk geistern: *Die Küche war ein langer schmaler Raum mit nur einem zweiteiligen Fenster am Ende der rechten Längswand. Von hier aus sah man, wenn man den Kopf sehr weit nach links wandte, ein Stückchen Himmel und darunter den ‹Grund›, ein noch unbebautes mit schmutzigem Abfall und trüben Wasserlachen bedecktes Stück Hofraum. Gegenüber dem Fenster, nur drei Meter entfernt, ragte steil und finster die fleckige wolkige Mauer des Nachbarhauses; rechts sah man, nach oben und unten ziehend, in einer noch näheren Wand eine lange Reihe kleiner, blasiger Speisekammerfenster.*[49]

In dieser Küche verbringt Arno Schmidt die weitaus meiste Zeit seines Kinderlebens. Hier stehen ein Küchenherd und ein kleiner Gaskocher, auf dem die Mutter das Essen zubereitet; was in den Kriegsjahren kein leichtes Unterfangen war, noch später graust es Arno Schmidt bei dem Gedanken an ‹LungenMus› oder Haschée aus Euter & Gedärmseln[50]. Irgendwann, der Krieg ist schon vorbei und Arno Schmidt geht bereits zur Schule, muß er sich vom Freibank-Fleisch, das der Vater über Beziehungen bekommen hatte, eine üble Trichinen-Vergiftung zugezogen haben. Die Erinnerung daran wird ihm jedenfalls so zusetzen, daß die Spuren dieser Geschichte bis in sein letztes Werk zu verfolgen sind. Nicht die Krankheit an sich hat ihm so zu schaffen gemacht, sondern die harte Reaktion des Vaters, der überhaupt mit Krankheiten, sobald sie den normalen Tagesablauf beeinträchtigten – und das war bei den Wohnverhältnissen der Schmidts eigentlich immer der Fall –, nicht umgehen konnte. Im Frühjahr 1915, Arno Schmidt ist gerade ein Jahr alt, zeigen sich die ersten Anzeichen eines Keuchhustens, der Vater ist genervt, die Mutter denkt an «Luftveränderung»[51], vielleicht hat sie auch gerade wieder einmal Heimweh nach Schlesien; jedenfalls werden die Koffer gepackt, und Mutter und Sohn unternehmen ihre erste Reise zur Tante nach Lauban.

Foto der Nachbarskinder in der Nähe von Schmidts Geburtshaus, um 1919.
Arno Schmidt in der zweiten Reihe, Mitte

Überhaupt: **Reisen!** Am wichtigsten waren wohl für Schmidt die Fahrten selbst. Von der Zugstrecke, die von Hamburg über Berlin nach Schlesien führt, kann er jedenfalls seitenlang berichten, während die Erinnerungen an den eigentlichen Besuch relativ schwach bleiben und oft wohl mehr von der Mutter als von ihm selbst stammen. Genauso verhält es sich mit dem vom Vater gepachteten Schrebergarten: es sind die Wege zum Schiffbeker und dann später, 1920, zum Horner Kleingarten, die ihn fasziniert haben, der Garten selbst ist mehr das Steckenpferd des Vaters und entlockt dem Sohn nicht das geringste Interesse.

Doch zurück zu den Kinderkrankheiten. Im Dezember 1917 – kurz vorher, im Sommer, war man gerade wieder einmal in Schlesien zu Besuch gewesen, diesmal in Liegnitz – erkrankt Arno Schmidt an Diphtherie. Die Sache sieht gar nicht gut aus; ein von der Mutter geholter Arzt aus

Horn erwägt eine Einweisung ins Krankenhaus. Der Vater hatte sich, wie die Mutter berichtet, «verkrümmelt» und fährt später das «Bettchen in die Küche, mit der Begründung, er müsse schlafen»[52]. Auch daraus wird eine Erinnerung, die Schmidt wieder aufgreift und in *Abend mit Goldrand* mit viel Raum zu weiteren Spekulationen abbrechen läßt: *im Dezember ‹17 lag ich auf den Tod an Diphterie – da spielte sich eine schreckliche Szene, mit meinem Vater, ab –› (ich darf heut noch nich dran denkn; es iss zum Unsinnich=werd'n: so ein Lump!*[53]

Zweifellos war die Wohnküche in ihrem Ambiente grauslich. Die ganze Familie wusch sich dort über einem *eisernen Ausguß*[54], auch die Wäsche wurde in den ersten Jahren von der Mutter in der Küche gewaschen und zum Trocknen aufgehängt: *unter der Decke zogen sich Leisten mit eingeschraubten Haken hin, wo die Leinen gezogen wurdn*[55]. Später ersetzt der Vater diese Leinen durch Kupferdrähte, weil er hofft, dadurch den Empfang des Radios verbessern zu können.

Auf der anderen Seite aber muß die Wohnküche auch eine gewisse Anziehungskraft auf den Knaben ausgeübt haben. Bezeichnenderweise ist jedoch in den Erinnerungen Schmidts, wo er Daten und Fakten zusammenträgt und ein realistisches Bild liefern will, nichts von einer solchen Anziehungskraft zu spüren – im Gegenteil, Abstoßung, Ekel und Haß sind hier dominant. Eine ganz andere Sichtweise ergibt sich, sobald wir die fiktionalisierten Erinnerungen im Werk Schmidts betrachten; nehmen wir diese Erinnerungen als die imaginäre Seite seines Lebens, als eine Existenz, die er im Schreiben gewinnt, dann wird das seltsame Verhältnis von Anziehung und Abstoßung deutlich. In einer frühen Erzählung heißt es: *Es war fast ganz dunkel geworden; aber die Mutter zündete aus Sparsamkeit erst spät das Gaslicht an, wenn der Vater vom ‹Dienst› kam. So waren sie allein mit dem schönen Feuerschein; der kleine Junge sah die breiten roten Lichtflächen sich an den Wänden hinaufschwingen und wieder ducken, als wische eine Hand darüber.*[56] Etwas weiter unten wird es dann noch beschaulicher: *Die Mutter hatte sich das Haar gewaschen, und saß schläfrig am Herd, um es zu trocknen. Auch die Uhr schwenkte unhörbar das blinkende Pendel; es war ganz still geworden.*[57]

Laut wird es immer dann, wenn der Vater vom Dienst kommt. Sobald er eintritt, liegt *die Küche schon im harten unbarmherzigen Licht, mit scharfen Schatten, grell da*[58]. Und wenn der Vater dann seine *fette gelbgrüne Nudelbrühe* vorgesetzt bekommt, sah der Sohn *mit grausendem Interesse, wie der dicke lärmende Mann neben ihm mehrere Teller aß*[59]. So typisch dieses Bild für die Wahrnehmung des Vaters ist, man sollte bei einer Beurteilung die aufreibenden Dienstzeiten dieses Mannes nicht ganz vergessen; die nämlich gingen während des Kriegs nahezu rund um die Uhr.

Unter diesen Umständen hatte Arno Schmidt in den ersten Jahren nur zur Mutter eine engere Beziehung. Die aber konnte das Kind der Realität

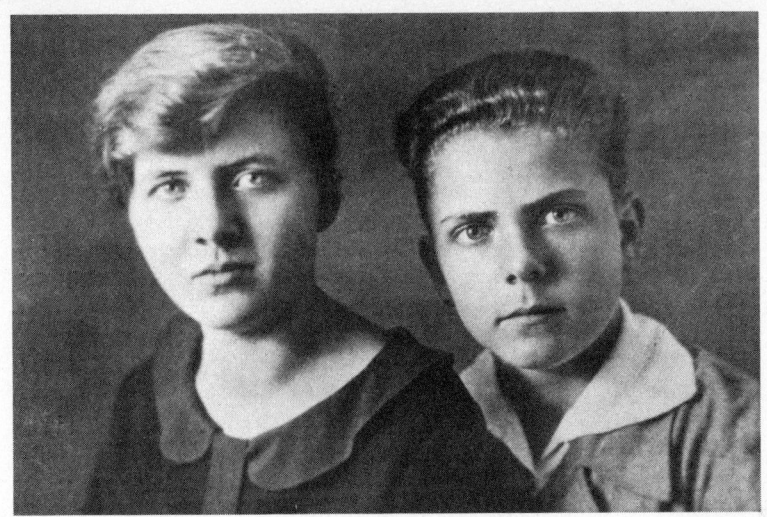

Die Geschwister: Luzie (16 Jahre) und Arno (13 Jahre)

gegenüber nicht aufschließen, sie zog es vielmehr in ihre imaginäre Welt hinein: «wenn die Sehnsucht nach der alten Kinderheimat mir mal wieder zu schaffen machte», schreibt die Mutter, «dann brauchte ich Dir nur von zuhause erzählen. Wir setzten uns gewöhnlich auf die Stufe, die zum Balkon führte, und an Dir hatte ich einen aufmerksamen Zuhörer, so klein Du warst, Du hast auch das meiste behalten.»[60] Das ist kein einzelnes Erinnerungsbild, es könnte durch viele andere ergänzt werden. Mutter und Sohn bilden den inneren Kern der Familie. Arnos Schwester Luzie wird demgegenüber von allen Familienmitgliedern in Wesen und Art als *ganz=anders!*[61] erkannt. In Wahrheit lernt ja jeder Mensch durch den anderen, was er objektiv ist; der Charakter wird durch andere entdeckt, er wird dem Kind zugeschrieben, und oft ist er nur das Resultat eines Zwangs. Was die Schwester ‹objektiv› ist, erfährt sie bei der Geburt ihres Bruders, denn mit diesem Tag war sie, wie die Mutter berichtet, «bei Papa so ziemlich hintenrunter»[62]. Als sie später für das «Porträt einer Klasse» interviewt wird, hat sie kaum noch Erinnerungen an ihre Kindheit: ihre Abwehr ist so groß, daß sie nahezu alles vergessen hat, die Straßen, Plätze, Namen, die Empfindungen und Eindrücke; während der ungleich privilegiertere Bruder, Arno Schmidt, in Gedankenspiele ausweicht, seine Kindheit fiktionalisiert und sich deshalb noch an kleinste Einzelheiten, an alle Beschädigungen erinnert. In *Abend mit Goldrand* schreibt Schmidt: *ich konnte meinen Vater buchstäblich ‹nicht riechen›; dies Gemix*

19

aus Schweiß Tabak Darmgas Schnaps[63]. Eine Ekelempfindung, für die allerdings die Mutter eine sehr einfache Erklärung liefert: «In der Zeit, wo alles so teuer war, kaufte sich Papa alle Monate I Pfund Rippentabak; der roch nicht gut, und Papa mußte mehr spucken als rauchen.»[64]

Arno Schmidt muß in den ersten Jahren den Vater wie einen Fremden empfunden haben, und gegenüber fremden Personen war dieses Kind nicht nur scheu, sondern offen ablehnend. Nach eigenem Bekenntnis *weinte & sträubte*[65] er sich, sobald er mit zu Bekannten oder Verwandten sollte. Die Distanz zum Vater deckt aber nur ein real bestehendes Konkurrenz- und Identifizierungsverhältnis zu; und zumindest in den ersten Jahren scheint der Vater auch nicht der steinerne Gast gewesen zu sein, als der er beschrieben wird. Auf seiten des Vaters war durchaus der Wille vorhanden, sich auf den Sohn einzulassen. Sehr oft geht er im Sommer mit dem Sohn schwimmen, er bringt ihm das Kartenspielen bei, baut ihm einen Drachen, geht mit ihm Wandern und spielt mit ihm Schlagball.

Trotzdem muß dieses Kind wohl den Vorstellungen und Erwartungen, die der Vater von einem Sohn hatte, widersprochen haben. Die Mutter beschreibt Arno Schmidt als empfindsam, als «sehr vorsichtig»[66], als «einen lieben Jungen», der «nichts kaput gemacht»[67] hat. Sobald er die Wohnung verläßt, ruft er mechanisch: «Ich bin nicht lange; komm gleich wieder.»[68] Die Mutter freut sich über diese Anhänglichkeit; dem Vater erscheinen solche Gesten in zunehmendem Maße suspekt. Wo die Mutter «Charakter»[69] erkennt, sieht der Vater bloß Trotz und Dickköpfigkeit, wo die Mutter den Sohn lobt, weil er «keine Hosen zerrissen»[70] hat, muß er vom Vater irgendwann einmal gehört haben, daß er eigentlich gar kein ‹richtiger Junge› sei, weil er keine Fenster einwerfe und keine Hosen beim Baumklettern zerreiße.[71] Kurzum: Die vom Vater und von der Mutter gesetzten Imperative widersprechen sich und rufen erst jene *fantastischen Absencen*[72] hervor, die Schmidt später als rettende Kindheitsgeste beschreibt. Neben Tagträumen und Gedankenspielen sind es Flugträume, in denen er sein Entkommen definiert und die ihren räumlichen Ausgangspunkt auf dem Balkon haben: *Flugträume, in denen man die gedämpft schreienden und scheltenden Eltern hinter sich ließ und mit wehenden Armen weit um die Häuserecken dicht über den menschenarmen nachtgrauen Straßen schräg nach unten glitt.*[73]

Der Balkon wird zum Synonym einer imaginären Freiheit, zum Platz, von dem aus sich die Mitwelt, das ständige Gesehenwerden und die Sichtbarkeit in allen Lebenslagen, derealisieren läßt. Man «wird imaginär», sagt Sartre, «wenn man keine angemessene Antwort auf eine konkrete Situation findet»[74].

Ob den Gedankenspielen Schmidts eine Realität zukam oder ob es nur eine Pose war, bei der er in Wahrheit gedankenlos vor sich hin starrte, macht an der Oberfläche, im Erblicktwerden durch den anderen, keinen Unterschied. Im Normalfall werden sich wohl in dieser Geste das gedankenspielerische und das gedankenlose Moment vermischt haben. Entscheidend für Schmidt ist dabei die Erfahrung des Imaginären als einer wirklichen, das heißt erlebten und gestalteten Aktivität. Nur im Rahmen einer solchen «passiven Aktivität»[75] wird er sein ganzes Leben handeln können.

Schreiben ist ein solches Handeln; und als Schriftsteller entwirft er Figuren, die das leisten, was ihm aus konstitutionellen Gründen verwehrt war: Eine Rache am Anderen. In der Erzählung *Gadir* sitzt sein Alter ego Pytheas wieder *in der engen finsteren Küche mit den Eltern am Holztisch; sie stritten, zankten; mein Vater brodelte wieder mir, dem Manne, verschwollene Befehle zu, drohte aus rohen Augen, wölbte den Mund zu fetten Soldatenflüchen; ich ging vor ihn hin, und hieb ihm eine ins rotunde Radaugesicht, daß er sofort schwieg, völlig verblüfft, war fertig, saß da, mit abgesägten Hosen.*[76]

Schmidt hat – insbesondere dann in *Abend mit Goldrand* – von den familiären Verhältnissen ein Bild des Erstickens gezeichnet und eine Familie beschrieben, die alles verschlingt, was sich ihrer beengenden Einschließung entzieht. Er haßte diese Familie und diese Wohnung; nur hat er nie versucht, aus ihr herauszukommen. Denn besieht man sich die späteren Wohn- und Lebensverhältnisse in Bargfeld, dann wird deutlich, wie sehr er fremden Lebenswelten mißtraut hat und wie sehr er zeitlebens der äußerlichen Enge bedurfte, um innerlich ins Weite gehen zu können.

Der Musterschüler

In die Schule gegangen ist Schmidt, wie er betont, *ganz-ungern*[77], und nach allem, was wir bisher von ihm gehört haben, klingt das glaubhaft.

Ostern 1920 wird er in die Volksschule am Pröbenweg-Hammerweg eingeschult, und es muß – folgen wir dem Bericht der Mutter – eine mittlere Katastrophe gewesen sein: «Tagelang vorher warst Du schon in großer Aufregung; es konnte Dich Niemand beruhigen; nun war der Tag gekommen. [...] Du hast meine Hand nicht losgelassen; ich konnte Dir erzählen, was ich wollte, Du starrtest nur vor Dich hin.»[78] Im Klassenzimmer kommt es dann fast zum Eklat: «Du ließest meine Hand nicht los. [...] Ich hab Dir gut zugeredet, und hatte mich von Dir losgemacht; aber ehe ich die Tür erreicht hatte, warst Du schon wieder hinter mir.»[79] Der Lehrer beendet schließlich die Szene und fordert die Mutter auf, das Kind für heute besser wieder mitzunehmen, da es die ganze Klasse unruhig macht. Arno Schmidt erfährt diesen ersten Schultag offensichtlich als eine zweite Abnabelung von der Mutter, die ihm Angst einflößt. Lange aber hat sich diese Angst nicht gehalten, denn schon nach kurzer Zeit gehört er zu den Klassenbesten. Ja, schauen wir uns seine guten Leistungen an, seine Beflissenheit beim Lernen, seinen Ehrgeiz und sein Streben, dann wirft dies

21

doch ein merkwürdiges Licht auf die Aussage, daß er *ganz-ungern* zur Schule gegangen sein will. Kann man – so muß gefragt werden, zu den Klassenbesten gehören und gleichzeitig *ganz-ungern* zur Schule gehen? Das erscheint zumindest unwahrscheinlich.

Wenn er sich später als einen ‹geborenen Autodidakten› bezeichnet, der in der Schule nichts gelernt hat und den Lehrer und Unterrichtsstoff maßlos gelangweilt haben, weil er schon mit drei bis vier Jahren alle Bücher lesen konnte und in einem Alter, wo andere noch Sandkuchen backen gingen, bereits Jules Verne-Welten nachträumte und mit ältlichen Wissenschaftsworten jonglierte, dann gehört das zum Mythos von der Selbsterschaffung, dem er als Schriftsteller zeitlebens anhing. Sein Ich imaginiert sich mit Vorliebe als vaterlos, und indem es liest und schreibt, erschafft es sich immer wieder neu, macht es sich zum eigenen Beweggrund. Schmidt will sich so sehen, als sei er ein anderer und nur von sich selbst abhängig. Darum erzählt er uns die Geschichte vom ‹geborenen Autodidakten›. In Wahrheit hat wohl selten jemand so an seinen Schulerfahrungen gehangen wie gerade Arno Schmidt.

Gehört das Scheitern an der Schule für den, der der Literatur verfallen ist, fast schon zum Archetyp der Literaturgeschichte und zum Signalement des dann später reüssierten Schriftstellers, so ist an Schmidt zu zeigen, daß man literarisch begabt und trotzdem Musterschüler sein kann. Wo sich andere beeilen, ihre Schulerfahrungen zu vergessen, werden sie für Schmidt zum Paradigma. Schon die formale Organisation kommt ihm entgegen, die strukturierte Zeit, der geregelte Ablauf der Schulstunden. Wir werden sehen, wie er später in Bargfeld vor dem Schreibtisch sitzt und seine Zeit einteilt und davon spricht, daß er sein *Pensum*[80] ableistet. Diese enge Beziehung zur Schule drückt sich aber nicht zuletzt auch in einer sich nie auflösenden Verbindung zum Schulstoff aus.

Bis in sein letztes Werk behalten die Schulbücher eine eigentümliche Relevanz und belegen einen – gelinde gesagt – zögernden Reifeprozeß. Nino, eine Schülerfigur aus *Julia*, wie Schmidt ein *SonntagsSohn*[81], beschäftigt sich mit dem Nachrechnen von Logarithmentafeln, die einst zum Schmidtschen Unterrichtskanon gehörten. Das ist nun aber beileibe kein Einzelfall. Sieht man sich Schmidts Schulbücher an, dann zeigt sich, daß nahezu alle Bücher im Werk irgendeine Rolle spielen. So finden wir die in Linckes «Lehrbuch der englischen Sprache» für das zweite und dritte Schuljahr zitierten Gedichte und Autoren fast vollzählig in *Zettels Traum* wieder. Gleich auf der ersten Seite in *Zettels Traum* steht auch ein Zitat aus Dernehl und Laudan, einem in Schmidts Schulzeit verwendeten spanischen Unterrichtswerk. Wenn Schmidt in der Erzählung *Alexander* so vehement gegen die Heroisierung der Alexander-Gestalt argumentiert, dann ist Hintergrund und Folie seiner Kritik eines seiner Lieblingsschulbücher: Kumstellers «Geschichtsbuch für die deutsche Jugend». Wer zudem seine Literaturessays liest, der wird die Schulatmosphäre förmlich

Ausschnitt aus dem Klassenfoto von 1925, Realschule Brekelbaumspark in Hamburg. Arno Schmidt sitzend in der Mitte

riechen, ja, der wird sich vielleicht auch beim Kopfnicken und einem nur mühsam zurückgehaltenen Losprusten erwischen, wenn der Musterschüler Schmidt zum ‹Klassenrebell› wird und gegen die etablierten Klassifikationen der Literaturgeschichte zu Felde zieht und Goethes Prosa, Schillers Stoffen oder den Stücken des Zeitgenossen Samuel Beckett schlechte Noten erteilt.

Schmidt ist sein Leben lang ein Schüler aus Passion. Das hängt mit seinen frühesten Erfahrungen zusammen. Die Schule nämlich hat ihn für die Welt aufgeschlossen, und das ist zunächst im absolut wörtlichen Sinn zu verstehen: S*peziell Mir eign,* so rekapituliert Schmidt seine Kindheit, *war die Isoliertheit, von BabyBeinen an: um mich unbestimmtes Lächeln/ Zürnen auf unbestimmten Gesichtern: **so schlecht sah ich!** (und meine Eltern, grausam unerfahren & indolent, hielten's für kindische Unaufmerksamkeit, wenn ich mein'n Vater auf 20 m nur noch als blauen Fleck*

sah, und ihn nicht erkannte – id VolksSchule hatte's der Lehrer natürlich
am I. Tage weg, was mir fehlte. Aber immerhin): Ich hatte, 6 Jahre lang,
eine gewisse Abgesperrtheit von der Außenwelt erfahren.[82]

Wirklich getragen hat er eine Brille jedoch erst sehr viel später. Es gibt jedenfalls, bis weit in die dreißiger Jahre hinein, kein einziges Foto Schmidts mit Brille. Das mag mit Eitelkeiten und, wie auch sein Görlitzer Klassenkamerad Heinz Jerofsky vermutet, mit dem möglichst zu vermeidenden «Eingeständnis körperlicher Unzulänglichkeit»[83] zusammenhängen. Entscheidend ist die Tatsache, daß es für Schmidt der Lehrer war, der ihn aus der *Abgesperrtheit* herausgeholt hat. Erst dadurch wird die Schule zu einer Institution erhoben, die Schmidts Besonderheit, die er hier als Behinderung erlebt, weil sie ihn von jeglicher Wechselseitigkeit ausschloß und ihn isolierte, tendenziell aufhob; zum erstenmal erfährt er sich als einer unter anderen.

«Schmidt», so sagt es einer seiner Klassenkameraden aus der zwischen Ostern 1924 und Winter 1928 besuchten Realschule am Brekelbaumspark, «war einer von uns und kaum mehr und kaum weniger.»[84] Wodurch er allenfalls auffiel und in Erinnerung blieb war seine Geschicklichkeit im Fechten mit dem Lineal, diese Spielerei hatte er, so ein anderer Klassenkamerad, «zu einer solchen Perfektion ausgebildet, daß ich mich scheute, mich mit ihm hierzu einzulassen»[85]. Ansonsten war er ein vollkommen ‹normaler› Schüler, der zwar zu den Klassenbesten gehörte, aber trotzdem nicht durch übermäßige Intelligenz hervorstach und der vielleicht manchmal etwas gehemmter und vorsichtiger wirkte als seine Kameraden.

Ein Einschnitt erfolgt dann im Spätherbst 1928 mit dem Tod des Vaters und dem Umzug nach Lauban. Arno Schmidt besucht in der folgenden Zeit, bis zum März 1933, die Oberrealschule in Görlitz. Gelesen hat Schmidt auch vorher schon einiges, doch hier fängt er an, Bücher zu verschlingen, unersättlich nach allem, was nach Literatur und Geschichte aussieht und, wie es sich für einen jugendlichen Kopf gehört, noch vollkommen unsystematisch in der Auswahl seiner Lektüre. Er ist nun häufiger Besucher in der hiesigen Stadtbibliothek und geht in die ansässigen Buchhandlungen, später fährt er oft nach Dresden und Görlitz in Antiquariate.

Nach allem, was man weiß, muß sich Schmidt in Lauban in der Walkgasse 12 ganz wohl gefühlt haben. Man wohnt im Haus der Großmutter und kann von der Pension des Vaters gut leben, ja sich manches leisten, was vorher nicht ging. Und Arno Schmidt genoß jetzt auch einen größeren Freiraum zur persönlichen Entfaltung. Kleinstadt und ländliche Umgebung, die ihm weitaus gemäßer waren als Hamburg-Hamm, taten ein übriges. Nachmittags setzt er sich häufig aufs Fahrrad und erkundet die Gegend; im Sommer fährt er in die Queisbadeanstalt zum Schwimmen. Nur eines fängt an, ihm auf die Nerven zu gehen, nämlich die tägliche

Fahrt mit der Bahn von Lauban nach Görlitz (Hin- und Rückfahrt eine knappe Stunde); von schwerer *Eisenbahnitis*[86], die er sich dabei geholt habe, spricht er später.

Auf dem Weg zum Bahnhof muß sich irgendwann auch jene merkwürdige Szene abgespielt haben, die einen tiefen Riß in der Beziehung zur Mutter zur Folge hatte. Beim morgendlichen Weg zum Bahnhof, in der Wallstraße, geht plötzlich ein Fenster auf, und jemand ruft ihm laut *Hurenjunge*[87] nach. Schmidt wird so auf das Gerede über *erotische Affären*[88] der Mutter aufmerksam und fühlt sich, ein bißchen wie ein betrogener Liebhaber, hintergangen. Ob es noch andere Gründe für das Schmidtsche Gefühl des Betrogenseins gab, wissen wir nicht, jedenfalls löst sich nun die enge Beziehung zur Mutter und verwandelt sich in eine lebenslange Haß-Liebe.

Was die schulische Entwicklung angeht, so findet der gegen fremde Menschen und Umstände stets mißtrauisch eingestellte Schmidt überraschend schnell Anschluß an den Klassenkameraden Heinz Jerofsky. Da sie beide nicht am Religionsunterricht teilnehmen und die Freistunde zusammen verbringen, entwickeln sich Berührungspunkte, die über das bloß Schulische hinausgehen. Nach Unterrichtsschluß steht man noch am Südausgang des Görlitzer Bahnhofs zusammen und besieht sich «die Parade der Lyzeumsschülerinnen»[89]. Auf eine der Schülerinnen, die den jenseitigen Haupteingang benutzt, wird Schmidt allerdings immer erst im Zug treffen: ‹Hanne Wolff› (eigentlich Johanna Wolff) aus Lauban. Sie wird Schmidts *boyish poet=love*[90], mit ihr, die er nie anspricht und nur aus der Ferne verehrt, verbindet sich ein ganzer Komplex von Phantasien und Wunschgedanken, die sich quer durchs Werk ziehen. Johanna Wolff wird zum Vorbild für viele seiner Frauengestalten, so für die Anne Wolf im *Leviathan*, für Lore in *Brand's Haide*, für Käthe im *Faun*, für Friedericke Methe im *Setebos*, um nur einige, bekanntere Figuren aus dem Schmidtschen Œuvre zu nennen.

Kommen wir zurück zum Südausgang: Er ist noch in einer anderen Hinsicht von Interesse, denn hier entstehen einige der «Potzereien»[91] und Kalauer, die sich in Erzählungen Schmidts wiederfinden und die insbesondere im Spätwerk einen geradezu methodischen Stellenwert gewinnen.

Neben der sich entwickelnden Freundschaft zu Heinz Jerofsky, die bald so tragfähig ist, daß Schmidt ihm seine ersten dichterischen Arbeiten vorlegt, gewinnt Schmidt nach und nach auch bei den übrigen Klassenkameraden eine «gewisse Achtung»[92]. Seine Kenntnisse in alter Geschichte fallen auf, und er darf nun hin und wieder Vorträge über seine Lieblingsthemen halten. Weil er vorzugsweise von Gautama, dem Buddha, von Laotse, von Mohammed und dem Islam erzählt, hat er schnell den Spitznamen ‹Allah› weg. Insbesondere aber im Fach Deutsch sticht Arno Schmidt hervor. Seine Aufsätze bekommen in der Regel die Note

Das Haus Walkgasse 12 in Lauban, in dem Arno Schmidt
von 1928 bis 1938 wohnte

«1», der Lehrer bemängelt jedoch oft den ‹philosophischen›, das heißt
unverständlichen Teil seiner Ausführungen. Dieses Unverständnis gegenüber dem immer selbstbewußter werdenden Arno Schmidt muß gerade im letzten Schuljahr vor dem Abitur auf seiten des Lehrers noch gewachsen sein, denn Schmidt, der, was Literatur angeht, immer deutlicher
konträre Positionen einnimmt und nun unverblümt den Expressionismus
preist, bekommt schließlich die Note «2». Am 10. März 1933 erhält Arno
Schmidt das Zeugnis der Reife, es schließt mit der Bemerkung: «Schmidt
will Bankbeamter werden.»[93]

Doppelt leben

Schmidt, der den Ersten Weltkrieg als Kleinkind erlebte, ist 1933, zur Zeit
der ‹Machtergreifung› des Hitler-Faschismus, immerhin neunzehn Jahre
alt. Ein Alter, in dem sicher noch nicht alle Würfel gefallen sind, aber in

dem man sich gewöhnlich schon relativ bewußt zur Umwelt verhält und die eigene Identität in der Differenz zur familiären Prägung und dem gesellschaftlichen Status quo sucht. Aber ist das bei Schmidt der Fall? Merkt er überhaupt, was politisch vor sich geht? Ist er nicht, bei aller gefühlten intellektuellen Überlegenheit, ein Spätentwickler, der hinter seiner Zeit zurückbleibt?

Die Antwort muß widersprüchlich ausfallen. Was zunächst seine Bindung innerhalb der Familie und seine politische Weltsicht anbelangt, so kann man einen verspäteten Reifeprozeß eindeutig bejahen. Obwohl sich die Geschichte zu dieser Zeit bedrohlich in seinen Lebenslauf einmischt – Schmidt besucht nach dem Abitur kurzzeitig die Höhere Handelsschule in Görlitz und ist dann von September 1933 bis zum 24. Januar 1934 arbeitslos –, bleibt dies für ihn unterhalb der politischen Wahrnehmungsschwelle ein vor allem individuell bezogenes Schicksal. Man mag einwenden, daß eine solche Haltung, zu dieser Zeit und in diesem Alter, gar nicht ungewöhnlich ist. Das stimmt. Nur sehen wir uns zum Vergleich – der natürlich immer hinkt – einen Gleichaltrigen an, der ähnlich wie Arno Schmidt schon seine ersten Gedichte geschrieben hat und ebenfalls Schriftsteller werden will, der aber, im Gegensatz zu Schmidt, die politischen Ereignisse als wirklich Betroffener erlebt und wahrnimmt: Alfred Andersch. Der wird in München am 10. März 1933, also genau an dem Tag, als Arno Schmidt sein Reifezeugnis erhält und wegen seiner «2» in Deutsch schmollt, als Funktionär des kommunistischen Jugendverbandes von Polizei und SS inhaftiert und am 22. März als einer der ersten in das KZ Dachau gebracht. Als er einen Monat später Dachau verlassen kann, beherrscht ihn die Angst, ein zweites Mal in die Fänge des totalen Staates zu geraten, und Andersch antwortet, wie er später schreibt, mit der ‹totalen Introversion›.

Geradezu beschaulich wirkt vor diesem Hintergrund der Lebensweg Schmidts in diesen Jahren. Es gehört zu den bemerkenswerten Mystifikationen Schmidts, wenn er später die *Seelenlage des Emigranten*[94] für sich beansprucht, tatsächlich aber nie zu einer äußeren oder inneren Emigration gezwungen war.

Den Beruf als Lagerbuchhalter, den er ab Januar 1934 bei den Greiff-Werken erlernt, hat er als ein solches Quasi-Emigrationserlebnis ausgegeben. In einer – im wesentlichen von Schmidt verfaßten – Pressemitteilung des Rowohlt Verlags von 1950 wird «ein abwegiges (Astronomie) doch vielseitiges Universitätsstudium in Breslau» angeführt. «Da seine Schwester», so heißt es weiter, «einen jüdischen Kaufmann geheiratet hatte, brach er 33 – ganz bewußt, um vor pseudoheroischen Komplikationen in selbstgewählte Unscheinbarkeit auszuweichen – sein Studium ab.»[95] In Wahrheit hat es ein solches Studium nie gegeben, er mußte auch nicht, wie er später beteuert, Angestellter werden, weil es ihm *unmöglich gewesen wäre zur Hitlerzeit öffentlich als Schriftsteller aufzutreten*[96], das

Arno Schmidt 1936 in der Lausitz

alles sind Mystifikationen und Selbstinszenierungen Schmidts. Denn nichts als ein paar epigonale Gedichte hatte er zu diesem Zeitpunkt aufzuweisen, und es stand deshalb überhaupt nicht zur Debatte, ob er einen bürgerlichen Beruf oder die Laufbahn eines freien Schriftstellers einschlagen sollte. Nur hatte er später ein starkes Interesse daran, sich als jemand zu sehen, der aus dem Nebel der Kindheit auftaucht und schon ein Schriftsteller ist. Ein Schriftsteller, den bloß noch *ungünstige Umstände*[97] davon abhalten, sich als ein solcher auch zu bekennen. Was zu dieser Zeit stattfand, daß ist lediglich die **Entwicklung** zum Schriftsteller, die freilich nicht linear verlief, sondern – wir werden es noch sehen – gestört durch eine Regression, eine «aufschlußreiche Entwicklungshemmung»[98], die sich erst zum Kriegsende hin auflöst.

Zu den merkwürdigen Zügen in der Entwicklung Arno Schmidts zählt der Umstand, daß es nicht die mehr oder weniger gelungenen Gedichte sind, die sein Talent verraten. Wenn ihnen auch die meiste Arbeitszeit gilt und er zweifellos an sie glaubt, ja, so fest an sie glaubt, daß er sie schließlich an Hermann Stehr und Hermann Hesse zur Begutachtung schickt, die jedoch zum Ärger Schmidts nur lapidar antworten, so zeigt sich der

Schriftsteller Schmidt, mit seinem Esprit und Wortwitz, in einem Neben-produkt, nämlich in seinen Briefen an Heinz Jerofsky. Nur hier läßt er sich ganz los, ist er ein bißchen schon so, wie er dann nach dem Krieg auftreten wird: temperamentvoll, aggressiv und lakonisch im Ausdruck. In diesen Briefen ist Schmidt darum alles andere als ein Spätentwickler. Er muß sich zu diesem Zeitpunkt ungefähr so gefühlt haben wie Düring im *Faun*, als ihn eines Morgens, beim Blick durch das Zugfenster, eine *unsinnige Lust ergriff (...), Derjenige zu sein: Notbremse ziehen, Tasche liegen lassen, spitze Balancierarme, kristallene Augen, flint & crown.*[99]

Am 29. August 1933 schreibt Schmidt eine erste Postkarte an Heinz Jerofsky, der zu dieser Zeit bereits eine Lehrstelle bei einem Sägewerk gefunden hatte:

Erlauchter holzfaeller!
Wie geht es dir? ....!!......... na, dann!
Ich lebe wenig und schlecht.
Von grog, zigaretten und ruhm.
Eine marmorbueste ist mir von der hoechsten dienststelle zuge-sichert, lieferbar 7 werst nach Judgement Day. –
Ein effendi luemmelt vor einer postkarte. –
Nach vollzogener lesung, oh eritis sicut deus, wasche deine rissigen haende und saeubere dich von dem erbrochenen.
Der aufseher naht, und verzeih' die schlechte schrift.
Schreibe nicht wieder: ich bin sehr streng geworden!....
na, ja.
Nun zu mir: (Vorsicht, nicht stürzen! worte!)
Der mond grinste gequaelt in wolken, wind lief mit geschrei schwarz auf rauebersteigen, arno schmidt, ein fremder prinz aus dem buecherlande umging den steinberg. (...)
Von meinem lachen schepperte die oberlausitz!
Arno schmidt, the avenger! ..... Wu hi, der bin ich!!!
Am abend erhaengte ich mich wieder.
Das ist alles. – –[100]

Ähnlich wie Franz Kafka, der auch erst in den Briefen an Felice Bauer sich wirklich ‹frei› schreibt, wird Schmidt in den Briefen an Jerofsky zum Autor. Kafkas Verlobte und Schmidts Freund, beide Beziehungen errei-chen ihre größte Nähe und Unmittelbarkeit im distanzerhaltenden Me-dium Brief.

Wie sollten wir uns nicht Alles sagen?![101], schreibt Schmidt 1940 an sei-ne Frau Alice. Genau zu diesem Zeitpunkt bricht der Briefwechsel mit Heinz Jerofsky ab, kurz nach dem Krieg gehen noch einige Briefe hin und her, dann schläft der Kontakt ganz ein.

Nehmen wir nun die Briefe und legen sie neben die gleichzeitig von Schmidt geführte Existenz als Angestellter in den Greiff-Werken, dann haben wir die zwei Seiten einer Identität, bestehend aus imaginärem und

Postkarte an Heinz Jerofsky, 11. Juli 1934

empirischem Ich, vor uns, eine Konstellation, von der das Wechselspiel ausgeht zwischen dem **Fliehenden** – über die Grenzen hinauswollenden – und dem **Festgehaltenen** Arno Schmidt, der bewußt die engen Verhältnisse aufsucht. Im *Faun*, wo er, gedeckt durch die Fiktion, seine Angestelltenzeit zum Thema macht, schreibt Schmidt: *Heutzutage kann man nur noch halb entkommen. (...) Oder, anders: man muß sich teilen; doppelt leben.*[102] Das heißt, man muß ein Anderer sein, ohne anders zu erscheinen. Nach außen, so sagt er an gleicher Stelle: *fingerzahm, Bürgerheld, ein steifnasiger Angestellter: Ihr werdet Euch wundern!*[103]

Schmidt wird Angestellter, um das Imaginäre zu retten, um hinter dieser Camouflage jenes unvergleichliche Wesen zu entwickeln, das er in sich fühlt. *Die Arbeit hier ist mir egal*[104], sagt er zu den Kollegen. Und schon eine Woche nach seiner Einstellung als Lehrling bei den Greiff-Werken schreibt er an Jerofsky: *Erlaß es mir, meine Arbeit weiter zu schildern: ich mache in Stumpfsinn.*[105] Was ihn freilich nicht hindert, ein gut beurteilter Angestellter und ein geschätzter Kollege zu sein.

Bis Anfang 1940 wird Schmidt in der ‹Tabelle› als Lagerbuchhalter sitzen, Produktionsausstoß und Auftragseingang in Listen eintragen und diese Zahlen in graphische Schaubilder umsetzen. Wo die Erinnerung an diese Tätigkeit im Œuvre Schmidts auftaucht, wird sie mit alptraumhaften Zügen ausgestattet. Für Schmidt sind es ‹verlorene Jahre›, durch die er sich ein Leben lang behindert sieht und die er für eine verspätete Entwicklung zum Schriftsteller verantwortlich macht. Daß Impetus und Sujet seines Schreibens, bis in die sechziger Jahre hinein, aus dieser Zeit stammen, wollte Schmidt, wenn überhaupt, nur widerwillig zur Kenntnis nehmen. Aber es ist schon so, wie er 1964 in einem Brief an Kasimir Edschmid schrieb: im Prinzip muß er nur noch das *Wehr hochziehen*, um alles das herauszulassen, was sich bei ihm in den dreißiger und vierziger Jahren *aufgestaut* [106] hat.

In der Zeit als Angestellter aber ignoriert Schmidt in auffälliger Weise diese Erfahrungen, ja, er grenzt sie nachhaltig aus seiner schriftstellerischen Arbeit aus. Ein Beleg dafür sind die zwischen 1937 und 1943 geschriebenen *Juvenilia*. In diesen frühen Erzählungen wird deutlich, daß Schmidt noch kein Sujet gefunden hat, daß er sich bestenfalls ein Sujet von den Romantikern ausleiht und sich dann seinen Gefühlen überläßt, die Schreibweise und Stil diktieren: *Wir standen und sahen am horizonte einen kühlen weissen schein entstehen und wachsen und bald hob sich der mond aus den wellen, voll und mächtig.* [107] Hier gilt durchaus, was Schmidt später in Richtung der Tieckschen Jünglingsdichtung gesagt hat: *mangelnder Stoff und unzureichende Lebenserfahrung ersetzt durch ‹Stimmungen›*, lediglich *für den Entwicklungsgang muß man die Stücke kennen* [108]. Verschärfend kommt in Schmidts eigenem Fall hinzu, daß man von ‹Jünglingsdichtung› zwar der Sache, aber nicht dem Alter nach reden kann – dieser ‹Jüngling› war, als er die letzte Erzählung aus dieser Periode niederschrieb, immerhin schon fast dreißig. Interessant und lesenswert sind diese Erzählungen nur als Zeugnisse einer Pathologie der

Arno Schmidt in der ‹Tabelle› der Greiff-Werke

Bei der Arbeit an der Logarithmentafel

Kommunikation und als Belege für ein gestörtes Sozialverhalten. Keinesfalls aber sind es Dokumente, die eine innere Emigration Schmidts bezeugen. Schmidt will 1937 Schriftsteller sein, und er setzt sich hin und schreibt, wie er vorher gelesen hat. Nur in den Briefen an Jerofsky gewinnt er Distanz zu seinem eigenen Imperativ, ein Schriftsteller sein zu wollen, und ist dann ganz nah bei seinen Erfahrungen.

Die erste Erzählung aus der Reihe der *Juvenilia*, mit dem Titel *Die Insel*, schreibt Schmidt 1937. Zur selben Zeit beginnt er mit der Präzisierung und Stellenerweiterung der dekadischen Logarithmen, die er mit selbstbewußtem Trotz als sein *Lebenswerk*[109] bezeichnet, das er dann tatsächlich 1948 abschließt und mehreren in- und ausländischen Verlegern als Buch anbietet.

Das Jahr 1937 ist aber noch in anderer Hinsicht für den weiteren Lebensweg Schmidts bemerkenswert: Am 21. August 1937 heiratet er Alice Murawski, die bis zu diesem Tag im selben Betrieb beschäftigt war. Von der Heirat sind Freunde, Bekannte und Kollegen in gleicher Weise überrascht, keinem war diese Beziehung aufgefallen. Hatte sich Schmidt also Hals über Kopf verliebt? Dagegen spricht, was er kurz vor seiner Heirat Heinz Jerofsky schreibt: *Wo waren wir stehen geblieben? Ah! Alice! Es ist nicht viel zu sagen. Klein aber mein. Leben Sie glücklich? – – (...) Eine ganz ideale vertikale Liebe (meine Spezialität! Leider!)*[110]

Liebe ist für Schmidt, wie auch für seine Protagonisten, ein «ungeliebtes Gefühl»[111], das Glück suchen sie in der Arbeit, in Arbeitsbeziehungen. Und wie jede *Juvenilia*-Erzählung aufs neue zeigt, ist es die Liebe zu Büchern, die das gemeinsame Band der Beziehung bildet. Die Schriftstellergattin – und Alice Schmidt ist dazu der ‹Realtypus› – hat ihre eigenen Fähigkeiten in den Dienst der ‹höheren› Sache ihres Mannes zu stellen. Schmidt «untersagt»[112] denn auch förmlich, daß seine Frau nach der Heirat in den Greiff-Werken weiterarbeitet, statt dessen soll sie lesen und sich als Sekretärin ihres Mannes heranbilden. Eine Position, die Alice Schmidt lange Jahre eingenommen hat: Sie übernimmt später den Briefverkehr, handelt mit dem Verleger und Lektor Ernst Krawehl die Verträge aus, liest die in Druck gegangenen Texte Korrektur und arbeitet in den fünfziger Jahren ihrem Mann bei Übersetzungen zu. Daß «auch Werke […] von Paaren gezeugt»[113] werden, dafür steht – bis etwa Mitte der sechziger Jahre – die Beziehung von Arno und Alice Schmidt.

Von den Elementargeistern zum Leviathan

Es sind die Augenblicke, die ein Leben bestimmen. Das trifft, mehr noch als auf viele andere, auf Schmidts Leben zu. Dazwischen gibt es Jahre, in denen nichts oder fast nichts geschieht. Dafür stehen bei Schmidt die Jahre zwischen 1937 und 1943. So bewegt diese Zeit an sich war, auf die schriftstellerische Entwicklung Schmidts hatte sie zunächst wenig Einfluß. Gewiß, er schreibt, in Ansehung seiner beruflichen Belastung, viel. Nur macht er dabei den Eindruck eines Gefangenen, der in einem Käfig ohne Gitterstäbe sitzt. Und wenn er in diesen Jahren seine Arbeit als Angestellter und seinen Dienst als Soldat tut, dann gewinnt man bei der Art, **wie** er dies tut, die Überzeugung, daß er diesen Tätigkeiten, in denen er Objekt ist, nicht ungern den Vorrang eingeräumt hat.

Mit seiner Frau Alice wohnt er bis zum Frühjahr 1938 bei der Mutter in Lauban. Dann zieht man nach Greiffenberg, und etwa zur gleichen Zeit verkauft die Mutter ihr elterliches Haus und nimmt sich eine Wohnung in Quedlinburg. Nach allem, was man weiß, müssen sich die Konflikte zwischen Mutter und Sohn in dieser Zeit zugespitzt haben. Arno Schmidt spricht in einem Brief an Heinz Jerofsky von einer *trüben Geschichte*, einer *Familiengeschichte,* nach der es ihm *saumässig*[114] ginge. Von dem Hausverkauf der Mutter erhält Arno Schmidt Geld, um sich in Greiffenberg einzurichten, und natürlich heißt ‹einrichten› für Schmidt, sich lang erträumte Bücherwünsche zu erfüllen.

Einen Teil dieses Geldes verwenden Arno und Alice Schmidt für eine sechstägige Fahrt mit dem Schiff nach London. Es ist die einzige größere Reise, die Schmidt ‹freiwillig› in seinem Leben unternommen hat. Doch so ganz freiwillig war auch die nicht, er hat sie, wie Alice Schmidt in einem

Alice und Arno Schmidt beim Schachspiel in ihrer Greiffenberger
Wohnung: *eins der $^{gu}_{bes}$-ten Mittl, um eheliche Aggressionen abzureagieren (Zettels
Traum)*

Brief an ihre Freundin eingesteht, «überhaupt nur mir zuliebe gemacht»[115]. Anfang August 1938 fährt man über Berlin nach Hamburg, wo
Arno Schmidt die Zeit bis zur Abfahrt des Schiffs nutzt, um seiner Frau
sein Geburtshaus in Hamm und die alte Schule zu zeigen. Auf dem Schiff
ist Schmidt sichtlich schockiert über die vielen «angemalten Damen»[116]. In
London machen die Schmidts – abgesehen von Antiquariatsbesuchen –
die übliche Sightseeing-Tour: National Gallery, Tate Gallery, Westminster
Hall und Westminster Abbey, wo man die Grabstätte von Charles
Dickens besichtigt: *Auch ich,* sagt Schmidt in seinem Radio-Essay über
Dickens, *bin, den schnöden Filz in der Hand, davor hingetreten.*[117]

Nachdem Schmidt 1937 schon einmal zwei Monate Kanonier in Sprottau
war, wird er im Dezember 1938 als Soldat eingezogen, aber krankheits-
halber vorzeitig entlassen. Im darauffolgenden Jahr hat er noch einmal
Glück und wird, nach der Einberufung im August, im September als
überzählig nach Hause geschickt. Sieben Monate später, am 10. April
1940, endet dieser Aufschub mit der endgültigen Einberufung. Zunächst
muß Schmidt nach Hirschberg und im August für einen Dolmetscherlehr-
gang nach Halle. Dann geht es am 10. Januar 1941 zur Garnison nach
Hagenau im Elsaß.

Als Weihnachtsgeschenk für Alice Schmidt entstehen, vermutlich in der zweiten Jahreshälfte 1940, in Hirschberg die ersten elf Teile der *Dichtergespräche im Elysium*, den letzten, zwölften Teil dieser Gespräche schreibt Schmidt Anfang 1941 in Hagenau. Dieses Elysium, in dem sich zu gelehrtem Gespräch und lockerer Konversation die von Schmidt verehrten Dichter-Genies treffen, ist bei Licht besehen «eine», so Jörg Drews, «Mischung aus deutscher Mittelgebirgslandschaft, romantischer Kleinstadt und Bibliothekssaal»[118]. Im Grunde ist hier schon als Modell vorgezeichnet, was Schmidt in späteren Jahren vehement fordert: unverletzliche Freistätten für die Literatur, in denen Dichter, wie in einem Naturschutzpark, auf Staatskosten leben.

In Hagenau entstehen dann die Erzählungen: *Der junge Herr Siebold, Der Rebell, Das Kraulemännchen* und *Das Haus in der Holetschkagasse*. Am 4. Oktober 1941 wird Schmidt zum Aufstellungsort Lauban beordert, wo er die Nachricht erhält, daß er im nächsten Jahr in Norwegen auf einem Stützpunkt am Romsdalsfjord eingesetzt wird.

Das Leben ist für ihn in diesen Jahren ein Warten. Er stagniert in seiner persönlichen Entwicklung und mit dem, was er schreibt, er stagniert aber auch in seiner Lektüre, was ungleich fataler für ihn ist. Denn Schmidt ist ein Mensch, der liest, um zu schreiben, der also, mit anderen Worten, von der geschaffenen Literatur verführt wird, Literatur zu schaf-

Ehepaar Schmidt mit einer Bekannten

fen.[119] War es vorher eine expressionistische Lektüre, die sich im Stilgestus seiner Briefe niederschlug, so schreibt er 1940 seinem Freund Jerofsky: *Ich bin seit einigen Jahren so weit, dass die deutsche Literatur für mich mit Stifter und Storm aufhört.*[120]

Die Literatur, die er liest, hat für ihn den Charakter einer vorgefertigten Schreibhaltung, in die er nur noch hineinschlüpfen muß – und schon ist er, wie in den *Juvenilia*-Erzählungen, eine Dichterfigur aus dem 19. Jahrhundert. Schmidt versucht durch die Übernahme von Schreibhaltungen und durch die Anlehnung an autobiographische Sachverhalte einen zeitlebens empfundenen Mangel an Erfindungsgabe auszugleichen. Natürlich ist der in diesen Jahren vollzogene Wechsel des Terrains nicht zufällig, er ist nun, da die expressionistische Literatur verboten und verfolgt wird, geradezu zeitgemäß. Schmidt, der später trotzig bemerkt, daß alles, was gut ist, sich auch *unvermeidlich in der Opposition*[121] befindet, reagiert in dieser Zeit mit einer Überanpassung. Wenn er nach dem Krieg *Expressionismus und Sturm & Drang* als eine *Denk= und Verhaltensweise des Künstlers*[122] schätzt, hält er dies zwischen 1937 und 1943 für inopportun und zieht sich statt dessen auf eine Haltung zurück, die ihm das Überleben sichern soll und die er in den fünfziger Jahren als Rolle, als ein unverwechselbares Markenzeichen seines Schriftstellerhabitus aktivieren wird, den **Anachronismus.**

Als Anachronist existiert für ihn die Welt nur als Bücherwelt, triumphiert das Bild über die Realität, ist Literatur eine Form des Entkommens, die keine Wahrheit bezeugen, sondern imaginäre Asyle schaffen soll. Schreiben ist für Schmidt in diesen Jahren eine distanzierende Tätigkeit, die er ausübt, um sich vor der Außenwelt und seinen eigenen Gefühlen zu schützen. Sein Ich entgeht ihm; und mit den Geschichten, die er erzählt, macht er den Versuch, sich eine Konsistenz zu verleihen, die er eigentlich nicht hat. Auch später sind die von Schmidt entworfenen Figuren dazu da, ihn von wirklichen Erfahrungen zu bewahren oder ihn von einer Realität zu befreien. In den *Juvenilia* ‹befreit› sich Schmidt von der Empfindsamkeit und dem Feinsinn, den er an sich selbst verachtet und verurteilt und den er nun in die Sprache eingehen läßt, so wie er sich nach dem Krieg vom Haß ‹befreit›, indem er ihn auf seine Figuren überträgt.

Auch Schmidts Einsatz in Norwegen ändert an der Kontinuität seiner Haltung zunächst wenig. Davon zeugen die hier entstandenen Erzählungen: *Der Garten des Herrn von Rosenroth, Die Fremden* und *Mein Onkel Nikolaus.* Schmidt ist in Norwegen, bei aller Unannehmlichkeit, die das Lagerleben und die erzwungene Intimität für ihn bedeuten, mehr schreibender Soldat als Kriegsmann, und er lebt ganz nach der Devise: «in der kleinsten Größe» überwindet «der Denkende»[123] den Sturm. Nach außen verkörpert er den korrekten soldatischen Gestus, ja, mehr als das, sein Auftreten wird als «zackig» beschrieben, und am Telefon meldet er sich

Alice und Arno Schmidt, um 1940

Handschriftlicher Vermerk auf der Rückseite:
Sommer 1942 in Norwegen / Överaasjoen (gegenüber Molde)
b. Vastnes. / Romsdals=Fjord Arno Schmidt

gewöhnlich mit der Frage: «Wie ist die Stimmung?»[124] Dabei verachtet er sich in dieser Rolle, er haßt, wie schon sein Vater, die militärische Disziplin, die Hierarchie und die Unterwerfung, das *Ganze Abteilung kehrt*[125] und das ewige *Stramm stehen*[126]-müssen. Lange Zeit jedoch ist das Soldatsein lediglich eine Pose, eine verordnete Individualitätsrolle, die er schnell wieder ablegen kann, arbeitet er doch in Norwegen als Soldat wie in den Greiff-Werken als Angestellter, nur sitzt er auf dem Stützpunkt in der Schreibstube und berechnet Schußtabellen. Daneben schreibt er Geschichten, in denen sich Feen und Elementargeister die Hände reichen.

Das geht bis zu jenem Augenblick gut, den wir eigentlich anvisieren müßten, über den wir aber doch nur spekulieren können, über den sich nur so viel sagen läßt, daß er in der Zeit stattgefunden haben muß, in welcher der Krieg für Schmidt zu einer wirklichen Existenz, zur Bedrohung wird. Es gibt im Werk Schmidts eine singuläre Szene, die, in ihrer sprachlichen und metaphorischen Überdrehung, Ausdruck eines solchen ‹Augenblicks›, einer solchen Erlebnisschicht sein könnte: der Luftangriff im *Faun*.[127]

Schmidt will diese Szene unter dem Einfluß eines Traums niedergeschrieben haben[128], den er wenige Jahre nach dem Krieg hatte und in dem Erinnerungen an Granat- und Minenexplosionen auftauchten. Wie immer es um die Wahrheit dieses Traumerlebnisses bestellt sein mag, die Erinnerungen, auf die Schmidt dabei anspielt, stammen vermutlich aus dem Zeitraum zwischen 1943 und 1945; vielleicht aus dem letzten Kriegsjahr, als Schmidt sich, um noch einmal Heimaturlaub zu bekommen, ‹freiwillig› zur kämpfenden Truppe an die Westfront meldet. Irgendwann in

Als Soldat in Norwegen, erste Reihe Mitte

dieser Zeit muß ihm klargeworden sein, daß er mit seinem Glauben an eine Zukunft, die immer schon festliegt und die er nur noch ungeduldig erwarten muß, einer Verschleierung, einer Unwahrhaftigkeit erlegen ist.

Pharos oder von der Macht der Dichter zeugt von dieser Zeit, in der Angst und Heldentum, Lust und Zerstörung, der Wille zum Haß und zum Leben nebeneinander liegen und sich zu einer explosiven Mischung verdichten. Angefangen von Vatermord-Phantasien über Rebellentum zum Rachekünstler und Dichterhelden werden darin alle Register gezogen und Themen berührt, die für den Schmidt der *Juvenilia* eigentlich untypisch sind; hier wird aber nicht zuletzt auch ein Ich-Erzähler aufgebaut, der, wie dann in den Erzählungen der Nachkriegszeit üblich, in Opposition steht, eine Außenseiter-Haltung einnimmt und den expressiven Stilgestus geradezu braucht. Während andere *Juvenilia*-Texte zu Lebzeiten Schmidts entweder gänzlich unveröffentlicht bleiben oder höchstens in Auszügen Verwendung finden, wird *Pharos* von Schmidt später in *Abend mit Goldrand* montiert, nur hat der Schluß dort eine etwas andere Pointe. Der Monolog des Ich-Erzählers kulminiert in den Sätzen: *Ich will mich auf eine Planke binden – am grinsenden Schwarzen vorbei – ins Meer, zu den dürren Menschen. – /Ich will wie eine Fackel durch die Städte rennen: lest doch! Lest doch…*[129] Am Ende des Kriegs verkündet der, der wie eine Fackel durch die Straßen rennen will, anderes: ***lebt doch! Lebt – doch – –.***[130]

Die Rolle

Einer im endlich zerplatzenden Kerker

Daß sich verlorene Kriege auf die Literatur förderlich, ja geradezu entfesselnd auswirken können, diese zynische Wahrheit bestätigt sich auf eindrucksvolle Weise im Falle Schmidts. Den Niedergang des Nationalsozialismus erlebt er als Sturz in die Außenwelt. Ein Sturz, der nicht im ursächlichen Sinn zum Auslöser für sein Schreiben wird, sondern der ihn dazu drängt, den Weg zum Leser einzuschlagen. Er will sich veröffentlicht sehen und auf seine Zeitgenossen einwirken. Doch wie er sich dies vorstellt, mag auf den ersten Blick überraschen, denn Schmidt ist der Meinung, er müsse die Menschen zunächst brüskieren und ihnen seinen aufgestauten Welt- und Menschenhaß ins Gesicht schleudern, erst dann kämen sie zur Besinnung und würden nachdenklich. Seine tiefsitzende Überzeugung ist, *daß die meisten Menschen nur noch Funken geben, wenn man sie mit der Faust ins Auge schlägt!* [131]. Deshalb schnitzt er jetzt mit seiner Sprache jene Faustkeile, die denen Nietzsches im «Zarathustra» ähneln, der ja bekanntlich mit dem Hammer philosophieren und die Ohren zerschlagen wollte, damit die Menschen lernen, mit den Augen zu hören.

Schmidts Schreiben nach dem Krieg folgt der Devise: *überlebm wird Der, der noch aus jeder Cat'astrophe ‹1Geschichte› machn kann* [132]. Und die Geschichten, die er schreibt, stehen an Stelle einer Tat; wo ihm in der Realität das Handeln versagt ist, macht er in der Literatur sein Wesen zur Geste. Er flüchtet sich nicht mehr in die Imagination, er benutzt sie jetzt als zersetzende Kraft. Ein sich in ästhetische Lust verwandelnder Haß ist in den ersten Jahren Motiv und Antriebskraft seines Schreibens und die eigentliche Wurzel seiner Kreativität. Hermann Hesse war einer der ersten, die das gesehen haben, er bezeichnet Schmidt – den er kurzerhand mit dem Ich-Erzähler im *Leviathan* gleichsetzt – als einen «modernen Desperado, der den Krieg und alle Teufeleien unsrer heutigen Welt mit angesehen und ausgekostet hat» und «seinen Ekel uns ins Gesicht spuckt»[133]. Im Mittelpunkt des *Leviathan* steht ein deutscher Soldat, der mit anderen Flüchtlingen in einem Eisenbahnwaggon sitzt und in tagebuchartigen Aufzeichnungen die Ereignisse während der Fahrt notiert. In diese Rahmenhandlung hinein spielt, umgeben von einem Krieg, der jeder Krieg sein könnte, eine Liebesgeschichte zwischen dem Ich-Erzähler und Anne Wolf. Im dramatischen Schluß der Erzählung kommt die Eisenbahn auf einer eingestürzten Brücke zum Stehen. In ausweisloser Lage schleudert der Ich-Erzähler sein Heft voran und wird dann, zusammen mit seiner Geliebten, in den Abgrund springen. Damit scheint sich die Macht des Leviathans zu erfüllen, der Schmidt zufolge nicht nur als böser Demiurg und als heteronome Gewalt existiert, sondern im menschlichen Wesen: *Wir selbst sind (...) ein Teil von ihm.*[134] Deshalb gibt es eigentlich kein Entrinnen, und so stehen sich am Ende Fatalismus und eine diffus bleibende Revolte gegenüber. Mit dem *Leviathan* entwirft Schmidt eine negative Theodizee, die er aus Schopenhauers Willensmetaphysik und Versatzstücken der Relativitätstheorie formt.

Die eigentliche Geschichte jedoch, die Schmidt erzählt, unterscheidet sich im Motiv nicht vom gängigen Kanon der Nachkriegsliteratur und hat, was die Thematisierung der Schuldfrage angeht, in einigen Zügen durchaus Ähnlichkeit mit Werken Wolfgang Borcherts und Heinrich Bölls. Anders im formalen Bereich, da stellt Schmidt, mit seiner staccatohaften Schreibweise und der graphischen Anordnung des Textes (Raster-Technik), von Anfang an seinen Anspruch heraus, ein Neuerer sein zu wollen, der, elitär und geniebewußt, eine ästhetische Revolution verkündet, die an die expressionistischen Wortkaskaden eines August Stramm erinnert. Schmidt nahm als einer der wenigen das 1945 vorherrschende Mißtrauen in eine Sprache ernst, die sich hatte verführen lassen und die zum Dispositiv der Macht verkam. Im Willen anders zu schreiben, traf er sich zweifellos mit vielen seiner Schriftstellerkollegen, doch niemand hat die realen Trümmer so in seiner Prosa versinnlicht und sich – schon durch die sprachliche Architektur seiner Texte – jedem Anspruch auf eine versöhnende Allgemeinheit und Ganzheit verweigert wie Arno Schmidt.

Was speziell den Ich-Erzähler im *Leviathan* angeht, so unterscheidet er sich von den anderen Flüchtlings- und Heimkehrerfiguren dadurch, daß ihm jede moralische Dimension, jede Gewissenserforschung fremd ist, ja, daß er sich frei von jeder eigenen affektiven Teilhabe fühlt. Von keiner Schuld tangiert, bietet sich ihm die bisherige Weltgeschichte in vollkommener Transparenz dar. Introspektion und Diskurs sind überflüssig, er geht sofort zum Angriff über und nimmt die Rolle eines Anklägers ein, der, im Gegensatz zur übrigen Menschheit, seine Erfahrungen gemacht und seine Lektion gelernt hat und von allen Trugbildern geheilt ist. Schmidt aber will diese fiktionale Rolle eines aggressiven, geistig überlegenen Menschen nicht nur in seiner Literatur spielen, er will sie

Arno Schmidt in der Greiffenberger Wohnung beim Verpacken seiner Bibliothek, Februar 1945. Foto: Alice Schmidt

sein. Autobiographie und Fiktion treten in ein Wechselverhältnis. Mit dem Leben bezeugt er die Literatur, und die Literatur ist Zeuge für sein Leben, bringt es zur Wahrhaftigkeit.

Am 14. Februar 1945 erfolgt die dritte Bombardierung Dresdens, mit diesem Datum läßt Schmidt auch den *Leviathan* beginnen, und es ist zugleich der Tag, an dem Schmidt während eines Heimaturlaubs zum letztenmal seine Greiffenberger Wohnung sieht. In den zurückliegenden zwei Wochen hat er zusammen mit seiner Frau, die bereits am 13. Februar in Richtung Quedlinburg zur Schwiegermutter abgereist ist, die Flucht aus Greiffenberg organisiert. Wenigstens die wichtigsten Bände aus seiner Bibliothek möchte er retten, deshalb hatte er schon vorher eine Liste mit den absolut unverzichtbaren Titeln erstellt, darunter natürlich Fouqué und die unvermeidliche Logarithmentafel von Vega, Wielands «Aristipp» und «Peregrinus Proteus», E. T. A. Hoffmanns «Meister Floh», Tiecks «Vogelscheuche», Goethes «Faust», Shakespeares «Sommernachtstraum», Stifters «Hochwald», Holbergs «Niels Klim» und Meyers Konversationslexikon von 1912.

Einiges davon wird bei der Mutter in Quedlinburg gelagert, die die Bücher nach dem Krieg in kleinen Päckchen in den Westen schickt. Anderes, so ein hölzerner Wehrmachtskoffer voller Bücher und mit einer wertvollen Handschrift E. T. A. Hoffmanns, den Bekannte auf Bitten Schmidts einer Familie als Flüchtlingsgepäck mitgeben, geht verloren.

Schmidt wie auch der Ich-Erzähler im *Leviathan* wird mit dem Marschbefehl Ratzeburg die Flucht antreten. Während aber Schmidt von Greiffenberg aus flieht, besteigt der Ich-Erzähler den letzten Zug, der aus der umlagerten Stadt Lauban in Richtung Görlitz fährt. Die aus der Lebensgeschichte des Autors stammenden biographischen Partikel und die erzählte Geschichte treten damit auseinander: Für sein Alter ego wird die Fahrt zum Showdown. Als der Zug auf dem Neiße-Viadukt vor Görlitz auf einem Pfeiler zum Stehen kommt und der vordere und hintere Teil des Viadukts weggeschossen werden, steht er da wie ein Säulenheiliger, der um sein Ende weiß und die verbleibende Zeit nutzt, um noch ein paar Zeilen Literatur zu formulieren. Schmidt selbst kommt zunächst am 21. Februar wohlbehalten in Ratzeburg an, muß dann aber ab 26. März zum Einsatz an die Westfront und gerät am 16. April in englische Kriegsgefangenschaft. Um der Gefahr einer künftigen Einberufung zu entgehen und weil alle Kriegsgefangenen unter 30 Jahren zu schweren Arbeiten eingeteilt werden, macht sich Schmidt vier Jahre älter. Erst am 5. Juni 1955 wird das Geburtsdatum durch Alice Schmidt anläßlich der *Pocahontas*-Affäre auf dem Landratsamt in Saarburg korrigiert.

Als Schmidt im *Leviathan* die Figur des heroischen Einzelnen entwirft, der, hochstehend und zugleich von allen Seiten angefeindet, sich als Handelnder zur Ohnmacht verurteilt sieht und dessen Weltablehnung zur Geste erstarrt, da wohnt er bereits auf dem Mühlenhof im niedersächsischen Cordingen, das damals zur englischen Zone gehörte. Im ersten Jahr arbeitet er mit seiner Frau als Dolmetscher an der Hilfspolizeischule Benefeld. Das Arno Schmidt Archiv in Bargfeld verwahrt noch einen Karton voll verstaubter Akten, der die Aufschrift trägt: *Akten des Dolmetscherbüros Arno Schmidt u. Alice Schmidt.* Selbständigsein wollte er, als

Cordingen: *Mühlenhof November 1950 von Südsüdost gesehen.*
Foto: Arno Schmidt

er aus dem Krieg wiederkam, von Anfang an. Bezeichnend ist aber, daß erst die Ende 1946 erfolgte Auflösung der Polizeischule bei Schmidt zum Auslöser für den Entschluß wird, nun als freier Schriftsteller leben zu wollen. Einen Entschluß, den er als Bruch mit dem Realen, mit der Welt des bürgerlichen Lebens begreift: *Als man mich,* so schreibt Schmidt in einem Brief, *im Spätherbst 46 offiziell an das Polizeipräsidium in Lüneburg zu berufen vorhatte, habe ich diese Stellung sofort abgelehnt, mit dem Hinweis, daß ich nunmehr endlich versuchen wolle, mich als freier Schriftsteller zu etablieren.*[135] War er lange Zeit gezwungen, ein anderer als er selbst zu sein und mit sich im Widerspruch zu leben, so ist Schreiben für ihn jetzt eine Anpassungsverweigerung, mit der er sich wiederzugewinnen hofft. Und wenn er vorher gelesen hatte, um zu schreiben, so wird ihm

45

ARMY FORM C 2136 (Large) **MESSAGE FORM** Register No.

| Call | Srl. No. | Priority | Transmission Instructions |

ABOVE THIS LINE FOR SIGNALS USE ONLY.

FROM (A) Originator Date-Time of Origin. Office Date Stamp

For Action.

TO (W) For Information (INFO) Message Instructions. G R

Originator's No.

[handschriftlicher Text, größtenteils unleserlich]

This message may be sent AS WRITTEN by any means ~~except~~ WIRELESS.	If liable to be intercepted or to fall into enemy hands this message must be sent IN CIPHER.	Originator's Instructions. Degree of Priority.	Time	Op.
Signed.	Signed.		TH? or TOR.	
			Time Closed	

Originalmanuskript des *Leviathan*-Buchs: *Wir hatten ja nicht einmal SchreiPapier in jenen Jahren, dicht nach '45; mein ‹Leviathan› ist auf TelegramFormulare notiert.* (Dankesrede zum Goethe-Preis 1973) nun das ganze Leben zum Reservoir seiner Erzählungen, zum Material, aus dem die fiktionale Konstruktion hervorgeht.

Eine Zeitlang muß er wohl auch mit dem Gedanken gespielt haben, den oben erwähnten Karton mit Akten und Formularen aus seiner Dolmetschertätigkeit als Material für ein neues Buch mit dem Titel *Die Polizeischule*[136] zu nutzen. Doch nutzen wird Schmidt nur das leere Formularpapier, darauf nämlich schreibt er im Oktober 1946 den *Leviathan*. Schmidt muß ihn, nachdem er am 15. und 16. August einen ersten Einfall zur Erzählung notiert hat, zwischen dem 3. und 22. Oktober in einer Art rhetorischen Überschwangs in einem Zug heruntergeschrieben haben. Im Originalmanuskript gibt es jedenfalls kaum Hinweise auf größere inhaltliche Korrekturen. Auffällig an dieser Schreibhaltung Schmidts sind sein Prädestinationsglaube, sein Überlegenheitsgefühl und sein Stolz, der zunächst ja ohne Beweis und ohne jeden Grund existiert. Kein Werk und schon gar nicht eine gesicherte soziale Existenz sind Basis dieses Gefühls. Was sein Leben in Cordingen angeht, so empfindet er sich, insbesondere seitdem er hier als freier Schriftsteller lebt, als den mißtrauisch beäugten Fremden, der keine gesellschaftlich anerkannte Arbeit leistet und der dem Gefühl seiner Minderwertigkeit nur entfliehen kann, indem er sich in seiner Literatur als den geistig überlegenen Menschen imaginiert. Als *Dorftrottel*[137] habe man ihn in Cordingen eingestuft, so erinnert sich Schmidt 1952 gegenüber einem «Spiegel»-Reporter. Freilich ist dabei anzumerken, daß Schmidt dieses Gefühl des Angefeindetseins und der Minderwertigkeit grundsätzlich an allen seinen zumeist ländlichen Wohnorten wahrnimmt. Zuletzt in Bargfeld, wo man ihn, so Schmidt in *Zettels Traum*, als ‹Verrücktn› und als *eine Schande für's Dorf*[138] betrachtet habe. Sicher gab es vereinzelt Ressentiments und Vorbehalte, im allgemeinen aber hatte und hat Arno Schmidt einen guten Ruf bei den Bargfeldern.

Doch zurück nach Cordingen: Vier Jahre wohnen die Schmidts auf dem Mühlenhof, umgeben von vierzehn weiteren Mietparteien, in einem möblierten Zimmer. Für die Raummiete bezahlen sie 12,50 Mark und für die Möbel 10 Mark. Kurz vor dem Ende 1950 erfolgten Umzug in die französische Zone beschreibt ein Besucher seinen Eindruck von den Verhältnissen: «In seinem einzigen Zimmer waren es zwölf Grad. Wellpappkartons bilden ein Bücherregal. Eine primitive, hölzerne Bettstelle mit einer groben Decke steht in der Ecke. Der Tisch ist aus einer ehemaligen Schultafel gezimmert. Man könnte an Spitzwegs ‹Poeten› denken. Die Armut ist da, aber beileibe keine Zipfelmütze.»[139]

Das erste Manuskript, das Schmidt in dieser Umgebung abschließt und verschiedenen Verlagen anbietet, ist das Manuskript über die Logarithmenberechnungen. Am 27. Mai 1947 schreibt er an den Buchhändler und Verleger Konrad Wittwer in Stuttgart, als der schließlich ablehnt, wendet sich Schmidt an Vieweg, an die Franckhsche Verlagsbuchhandlung und

VORWORT.

Durch die Zerstörungen des Krieges und die gleichzeitigen und anschließenden Menschenbewegungen hat besonders der deutsche öffentliche und private Bücherbestand schwerste Verluste erlitten. Auch die Vorräte an hochstelligen Logarithmentafeln, dem unentbehrlichen Handwerkszeuge des exakten Wissenschaftlers, sind völlig unzureichend; das Bedürfnis danach aber, bei dem allgemeinen Zuge des Zeitalters und der studierenden Jugend gerade nach diesen Gebieten, besonders groß.

Da der Nachdruck einer der alten umfangreichen 7-stelligen Tafeln bei unserer Wirtschaftslage auf Jahrzehnte hinaus unmöglich erscheint, mussten neue Wege in der Tafelkonstruktion beschritten werden: das Zahlenmaterial wurde beträchtlich vermindert, dazu anders gegliedert und angeordnet; zur Interpolation wurden die Logarithmen der Differenzen verwendet, und für die beiden äußersten 10 Grade des Quadranten ein System neuer Hilfsfunktionen eingeführt. Hierdurch wurde ermöglicht, auf nur 38 Seiten ein völlig zuverlässig und auch leidlich rasch arbeitendes Compendium zu geben; man vergesse bei einer Beurteilung nie, dass die bisher vorliegenden 7-stelligen Tafeln stets etwa 700 Seiten stark sind.

Berechnung und Korrektur wurden sorgfältig und wiederholt durchgeführt; ich hoffe, dass zumindest kein die Brauchbarkeit wesentlich beeinträchtigender Fehler unbemerkt und unberichtigt geblieben ist.

CORDINGEN, 1948

ARNO SCHMIDT

ANLEITUNG ZUM GEBRAUCH DER TAFELN.

BEISPIELE	BEMERKUNGEN
I.) Zahlenteil: 1) Zahl gegeben; Logarithmus gesucht: $\text{Log } 10,03761 = x$; Kennziffer $= 1$. $10,03,761 = 1003 + 0,761 = Z + A$ $\text{Log } Z = 00\ 130\ 09$ · $\text{Log } D = 3.6363$ $+ A \cdot D = + 33\ 95$ · $\text{Log } A = 0.8814 - 1$ $\text{Log}(Z+A) = .00\ 163\ 04$ · $\text{Log } A \cdot D = 4.5177 - 1$ $A \cdot D = 3295$ 2) Logarithmus gegeben; Zahl gesucht: $\text{Log } x = 1.00\ 163\ 04 = \text{Log}(Z+A)$ $\text{Log } Z = .00\ 130\ 09$. $Z = 1003$ $\text{Rest} = R = 32\ 95$ · $\text{Log } R = 4.5177 - 1$ $Z + A = 1003,761$ · $\text{Log } D_2 = 3.6363$ $x = 10,03761$ · $\text{Log } R \cdot D = 0.8814 - 1$ $R \cdot D = 0,761 = A$ **II.) Trigonometrischer Teil:** A.) Winkelbereich von 0°–10° (bzw. 80°–90°) 1) Winkel gegeben; Log gesucht: $\text{Log Sin } 4°16'\ 23,75'' = x = \text{Log Sin } 15383,75''$	**Allgemeines:** Fertigkeit im Gebrauch 4-stelliger Tafeln und Kenntnis der elementaren logarithmischen Rechenregeln werden vorausgesetzt. — Ein Strich über der ersten Zahl einer Zahlengruppe (z.B. 361) besagt, dass die nach links ausgerückten Zahlen der nächstfolgenden Zeile davor zu setzen sind. — Sämtlichen Log des trigonometrischen Teiles ist –10 anzufügen. Zu I,1): Nach Feststellung der Kennziffer wird die gegebene Zahl stets als 4-stellig betrachtet; die 7-stellige Mantisse für die ersten vier Ziffern wird der Tafel entnommen; der Zuwachs für die folgenden drei Ziffern logarithmisch mit Hilfe der Kennziffernklappbaren 4-stelligen Log-Tafel bestimmt. — Zu I,2): Die nächst niedrigere Mantisse (für Z) wird der Tafel entnommen und subtrahiert. Vom Log des Restes wird Log D subtrahiert und A vermittels der 4-stelligen Hilfstafel bestimmt. Nach dem (Z+A), d.h. die 7-stellige Zahlenfolge festliegt, wird nach Maßgabe der Kennziffer von Log x das wahre Komma gesetzt. Zu I,A,1): Der in °' und " gegebene Winkel wird vermittels der ...

Handschriftliches Vorwort und Anleitung zu: *Logarithmen Compendium, mit 7 Dezimalen,* hg. von Arno Schmidt an einen amerikanischen Verleger, die Bemühungen bleiben jedoch erfolglos. Als gewichtiger für den weiteren Weg Schmidts werden sich dann die in Cordingen entstandenen Erzählungen *Leviathan oder Die beste der Welten* und die in der Antike angesiedelten Prosatexte *Enthymesis* und *Gadir* erweisen. Am 15. September 1948 kommt über diese drei Erzählungen ein Vertrag mit dem Rowohlt Verlag zustande. Nicht zu Unrecht sahen die Schmidts dies als den Anfang einer Schriftstellerkarriere.

Mit welcher Voraussicht und mit welcher Selbstüberzeugung der weitere Weg eingeschlagen wird, davon zeugt auch der in dieser Zeit gefaßte Beschluß, ein Tagebuch zu führen. Vieles deutet darauf hin, daß die Initiative dazu von Arno Schmidt ausging und daß er es auch war, der, sei es für den eigenen Arbeitsprozeß, sei es für einen zukünftigen Biographen, seine Frau dazu anhielt, diese Aufgabe zu übernehmen. Vom 22. September 1948 an beginnt Alice Schmidt ein Tagebuch zu führen, das in den ersten Jahren eine Art Arbeitsjournal ist. Alle darin beschriebenen Daten und Fakten, alle Stimmungen und Gefühlslagen beziehen sich eng auf den Schreibprozeß ihres Mannes. Schmidt hat anscheinend diese Aufzeichnungen auch als Material und Gedächtnisstütze benutzt. Aus dieser starken Fixierung lösen sich die Tagebuchnotizen Alice Schmidts im Laufe der Zeit und werden in späteren Jahren immer selbstbezüglicher. Die erste Phase von Alice Schmidts Tagebuchaufzeichnungen endet mit dem 3. Juli 1956. Für die Monate bis zum Jahresende existieren keine Aufzeichnungen. Mit dem 1. Januar 1957 beginnt Arno Schmidt ein Tagebuch zu führen, es umfaßt sechs Jahre und endet am 12. Dezember 1962. Nach einer längeren Pause setzen dann wieder Tagebuchaufzeichnungen von Alice Schmidt ein, die bis zum Tod ihres Mannes und darüber hinaus reichen.

Gleich nach der Annahme seines ersten Manuskripts fängt Arno Schmidt im Oktober 1948 mit Vorarbeiten zu einem Buch an, das den Arbeitstitel *Antigoethe* trägt und Schmidts Kriegsgefangenschaft und Gespräche der Kriegsgefangenen über Goethe, Fontane, Somerset Maugham und anderen zum Thema haben soll. Es kommt jedoch zu Problemen bei der formalen Bewältigung des Stoffs, die Schmidt dahingehend löst, daß er, statt der geplanten Erzählform, eine Sammlung fiktiver Briefe konzipiert, die den Titel *Arno Schmidts Wundertüte* erhalten. In diese *Wundertüte* sollen ursprünglich noch die Erzählungen *Alexander* (Februar 1949) und die aus den *Juvenilia* stammenden Texte *Das Kraulemännchen, Der Rebell* und *Die Fremden* sowie eine Übersetzung von Edgar Allan Poes «House of Usher» integriert werden. Anfang April 1949 tippen Arno und Alice Schmidt das Manuskript auf einer geborgten Schreibmaschine an zwei Wochenenden im Schichtwechsel ab und schicken es am 11. April an den Rowohlt Verlag. Der Verlag verhält sich gegenüber diesem neuen Vorschlag abwartend und lädt die Schmidts schließlich zum 7. und 8. September nach Hamburg ein. Eine Bahnfahrt können sich die Schmidts mit einem Jahreseinkommen von 625 DM[140] nicht leisten, und so geht es mit einem Tandem auf Reisen, das man schon einige Zeit vorher von Ersparnissen gekauft hatte.

Der Auftritt Schmidts gegenüber dem Rowohlt-Lektor Kurt Marek (C. W. Ceram) zeigt, daß Schmidt nicht einfach nur große Literatur, Kunstwerke schaffen, sondern daß er sein ganzes Leben so führen will, als wenn es eine Rolle wäre. Man hatte Schmidt eingeladen als den «Verfasser der Genieprosa des *Leviathan*»[141] und auf die Differenz zwischen Leben und Fiktion vertraut, aber der Schmidt, der kam, war vollkommen identisch mit seiner Figur. Marek erinnert sich: «…ein Athlet mit Denkerstirn. Er saß mit krampfhaft geballten Fäusten vor mir auf dem Stuhl. Man mußte jeden Augenblick gewärtig sein, daß er einen anspringt. Er eröffnete das Gespräch mit Injurien. Wenn der Mann nicht diese unwahrscheinliche, diese sprachlich geradezu glühende Prosa eingesandt hätte, hätte ich ihn nach fünf Minuten rausgeschmissen.»[142] Marek holt sich Rat bei Ernst Rowohlt, und der schlägt vor: «Demnächst kommt Ledig nach Hamburg. Dann laden Sie Schmidt noch mal ein, und zwar in ein besonders gutes Restaurant. Ich will doch mal sehen, wie sich Schmidt gegen Ledig verhält.»[143] Zu diesem Treffen kommt es aber erst ein Jahr später.

Die Pose des Angefeindeten und Verbitterten, die Schmidt in den nächsten Jahren noch öfters annehmen und die er zweifellos mit Selbstgenuß spielen wird, ist nicht nur Fassade. Seine Bücher gehen schlecht, von dem, was er schreibt, kann er nicht leben; so werden vom *Leviathan*, trotz einiger Resonanz und guter Kritiken – unter anderem von Alfred Andersch, der am 3. Januar 1950 in der ‹Bücherstunde› des Hessischen Rundfunks den Erzählband unter der Überschrift «Ein Genie!» bespricht – bis Anfang 1952 ganze 600 Stück verkauft. Dazu kommt, daß er zumindest im letzten Jahr in Cordingen, infolge eines Rechtsstreits in Mietangelegenheiten, wirklichen Anfeindungen ausgesetzt war. Wie ernst Schmidt die Sache nahm, läßt sich an seiner Reaktion ablesen, sofort einen Antrag auf Umsiedlung in die französische Zone zu stellen. Nachdem er am 16. Juni 1950 einen ersten Brief vom Rechtsanwalt der Gegenpartei erhielt, schreibt er am 21. Juni an den Flüchtlingsminister für Niedersachsen und bittet um die Umsiedlungsgenehmigung. Im Brief heißt es: *Uns, als Schlesiern vom Gebirge, würden die mittel- und süddeutschen Landschaften wesentlich eher die verlorene Heimat ersetzen können, als die uns einförmig erscheinende norddeutsche Tiefebene; auch bin ich als Schriftsteller stark von Landschaftseindrücken abhängig.*[144] Eine erstaunliche Begründung, wenn man den rigorosen Ton bedenkt, in dem Schmidt später seine *übermächtige Neigung*[145] zum Flachland und speziell zum norddeutschen Raum herausstreicht.

Noch bevor es zum Umzug nach Gau-Bickelheim kommt, muß Schmidt am 19. September 1950 vor dem Amtsgericht in Walsrode zur mündlichen

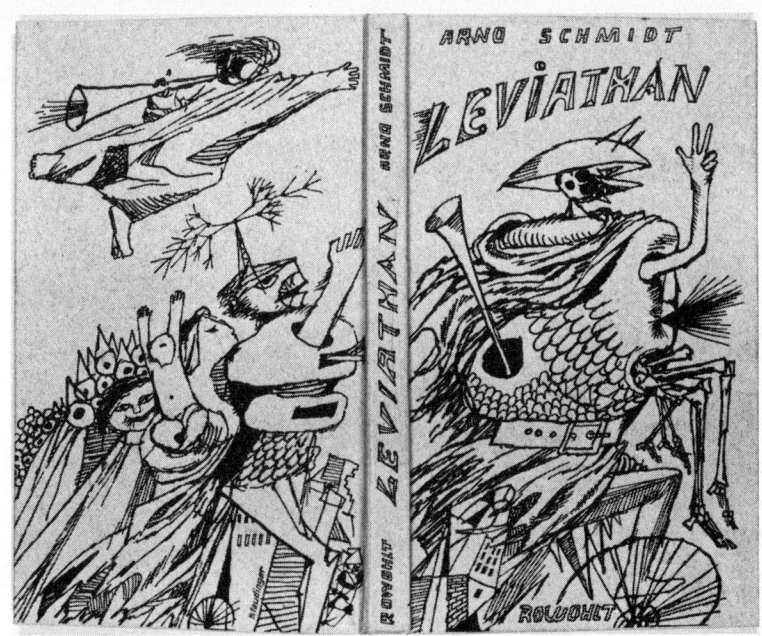

Karl Staudingers Umschlagzeichnung zum *Leviathan*

Verhandlung erscheinen. Schmidt, so wird gerichtlich festgesetzt, soll eine Summe von 226,96 DM bezahlen, die er aber nicht aufbringen kann, und man droht ihm die Pfändung seines Tandems an, das er insbesondere für seine Recherchen zu einer Biographie des romantischen Dichters Fouqué angeschafft hat. Während der letzten sechs Monate, so gibt Schmidt in einem Brief vom 19. Oktober 1950 an das Amtsgericht an, habe er 3000 Kilometer zurückgelegt.[146] Zielorte sind, neben Hamburg, Archive und Bibliotheken unter anderem in Göttingen, Hannover, Bückeburg, Lüneburg und Celle.

Im Oktober kommt es zu der oben schon erwähnten neuen Einladung des Rowohlt Verlags nach Hamburg. Diesmal fahren die Schmidts ohne Tandem, das Geld für eine Bahnfahrt wird ihnen telegrafisch angewiesen. Schmidt möchte endlich Klarheit darüber, was mit der *Wundertüte* und der inzwischen fertiggestellten Erzählung *Brand's Haide* werden soll. Die Verhandlungen sind schwierig, denn der neue Rowohlt-Lektor Wolfgang Weyrauch hat über *Brand's Haide* ein zwiespältiges und eher ablehnendes Gutachten geschrieben und wird darin von den ebenfalls anwesenden Kurt Marek und Heinrich Maria Ledig-Rowohlt unterstützt.

Man einigt sich schließlich mit vielen Vorbehalten auf einen Vertrag, der unter anderem vorsieht, daß *Brand's Haide* gegen zwei andere Stücke aus der *Wundertüte* ausgetauscht wird und einige Änderungen vorgenommen werden. Am Abend geht es dann in ein Hamburger Nobelrestaurant, wo Ledig-Rowohlt ein umfangreiches Menü auffahren läßt und seinen Autor jovial zum Zugreifen ermuntert. Mit der drohenden Pfändung im Nacken mußte das für Schmidt als eine Provokation wirken, und alles Zureden seiner Frau hat wohl an diesem Abend wenig genützt. «Ein Genie wie er», soll er damals gesagt haben, «müsse in Armut leben, während die Verleger, wie man ja sähe, sich in Wohlleben wälzten. [...] Als der Nachtisch kam, ließ Schmidt einen Sturzbach von Beleidigungen auf Ledig niederbrausen. Der versuchte ihn abzustellen oder wenigstens zu bremsen; als es vergeblich war, wurde Ledig immer ruhiger und blasser, sagte nur manchmal ‹Na, na!› und hörte sich gefaßt alles an.»[147] Alice Schmidt beschreibt diesen Abend in ihrem Tagebuch etwas anders, sie hat die Äußerungen ihres Mannes sehr viel moderater in Erinnerung.[148] Wie dem auch sei, man kann Schmidt nur zu gut verstehen. Denn wie anders als unsensibel soll man einen Verleger bezeichnen, der anderntags auf Bitten Schmidts zwar einen Brief an das Amtsgericht Walsrode schreibt und gegen die Pfändung des Tandems plädiert, aber nicht auf die Idee kommt, seinem Autor – dem er ja gerade einen Vertrag gegeben hatte – die 226,96 DM vorzustrecken?

Eine wirkliche Hilfe – in materieller und psychischer Hinsicht – war für Schmidt dagegen die Verleihung des Großen Literaturpreises der Akademie der Wissenschaften und der Literatur, den er, zusammen mit Werner Helwig, Hans Hennecke, Oda Schaefer und Heinrich Schirmbeck, am 14. Januar 1951 aus der Hand Alfred Döblins erhielt und der mit je 2000 DM dotiert war. Der Mitpreisträger Werner Helwig erinnert sich später an den Auftritt Arno Schmidts: «Dieser Mensch nun, sehr jung, sehr unbeholfen wirkend, beschäftigte uns alle durch seinen Aufzug. Und wir fragten uns: Propagiert er seine Notlage oder besteht sie wirklich? Denn er trug kein Hemd unter der Jacke, hielt, um diese Tatsache zu verstecken, dauernd den hochgestellten Rockkragen mit der einen Hand zusammen. […]Unser wiederholter Versuch, ihn in unsere künstliche Lustigkeit mit hineinzuziehen, scheiterte an seiner Verschlossenheit. Er rührte keine Miene, fröstelte wie ein Konfirmand vor dem Altar und putzte immer wieder die Gläser seiner Hornbrille, die seine Augen spiegelnd vergrößerten, wenn man seinen Blick zu erhaschen suchte. […] Wie gesagt, man wurde den Verdacht nicht los, er habe sich mit demonstrativer Absicht so abgerissen angetan.»[149]

Chaos und Idyll

Im Blick des Anderen erscheint Schmidt so, als ob er eine Charakterrolle spielt. Unmittelbarkeit und Natürlichkeit fehlten ihm. Sobald er sich unter Menschen bewegte, verliert er den Kopf, er sieht nichts und schaut niemanden an, aber er wird gesehen. «Unter dem Blick des Anderen», sagt Sartre, «**erlebe** ich mich wie erstarrt inmitten der Welt, wie in Gefahr, wie einen, dem nicht zu helfen ist.»[150]

Dieses Erstarrtsein in Ausdruck und Physiognomie finden wir auf den meisten Fotografien wieder, die Schmidts Porträt zeigen. Doch gerade an diesen Fotos und ihren unverwechselbaren Posen wird eines deutlich: der konstitutionelle Mangel an Ausdruck, die fehlende Unmittelbarkeit sind immer auch gespielt. Das Selbst, auf das sich Arno Schmidt als Solipsist zurückziehen wird, existiert nur als Konstrukt, als fiktionalisiertes Muster, dem er Anweisungen entnimmt, wie Individualität zu spielen sei.

Nach allem, was man weiß, muß Alice Schmidt bei der Modellierung von Haltungen und Gesten eine ganz wichtige Funktion zugekommen sein.[151] Bei vielen Fototerminen hat sie ihren Mann dirigiert, und die von ihr arrangierten Fotos zielten zweifellos darauf ab, die gemeißelten Züge eines geniehaften Äußeren hervortreten zu lassen. Herausgekommen ist dabei allerdings die maskenhafte Selbstdarstellung eines Menschen, der selten entspannt, sondern meistens mit ernster Miene und in erstarrter Haltung in die Kamera blickt. Alice Schmidt hat die Rolle ihres Mannes nicht nur unterstützt und nach Kräften gefördert, sie hat sie jahrelang mit in Szene gesetzt und ihr Geltung verschafft. Im Laufe der Zeit ist sie jedoch dem Willen des erziehungsliebenden Ehemanns, der seine Frau anfangs formen und bilden wollte und der sein Ideal der Schriftstellergattin auf die schlichte, aber bezeichnende Formel bringt: *Stumme Anbetung, die auch Maschine schreiben kann*[152], immer stärker entwachsen. Die Gesten der Vergötterung, wie sie sich noch in den ersten Jahren in ihrem Tagebuch finden, wo sie ein ums andere Mal ihrem Mann Größe und Genialität bescheinigt[153], lassen bald nach. Die *Stumme Anbetung* fällt weg, später sogar das *Maschine schreiben*, soweit es sich jedenfalls um das Abtippen der eigenen Werke ihres Mannes handelt, denn die erscheinen ab *Zettels Traum* als Typoskripte, die Schmidt von Anfang bis Ende selbst verfertigt.

Der Schriftsteller Schmidt – und damit zurück zur Selbstinszenierung – bildet von Beginn seines Schreibens an ein doppeltes Sein aus, und in diesem Sein ist er immer zugleich beides, der Mensch, «der lebt, und der, der ihn leben sieht, der, der leidet, und der dieses Leiden beobachtet, um es zu benutzen»[154]. Anders gesagt: Er verhält sich immer auch didaktisch zu seinem Leben. So ist er den *Urphänomenen*[155] einer kleinbürgerlichen Existenz ausgesetzt, die er einerseits verabscheut und als Behinderung seiner Begabung als Schriftsteller auffaßt, andererseits sind für ihn diese Urphänomene das, was man als Mensch, der im Reden und Schreiben wahrhaftig sein will, *zutiefst erfahren haben*[156] muß. Nur aus dieser Spannung heraus ist für Schmidt schöpferische Arbeit denkbar: *Die Optimisten schreiben schlecht* [157], wendet er in einem Radio-Essay gegen Stifter ein; unglücklich soll der Schreibende sein, der Glückliche hat jede Spannung verloren. So muß alles für Schmidt eine unheilbare Wunde, eine Verletzung werden, die er erlitten hat und die sein Schreiben legitimiert. Dieser bis ins Spielerische gehende Gestus, der Schmidt wechseln läßt zwischen Schmerzensmann, Rebell und Misanthrop, beeinflußt, ja untergräbt den Realismus seiner Erzählungen. Wer sie – wie Martin Walser in einer frühen Kritik – als «Dokumente»[158] der Zeit liest, übersieht leicht, daß die wirklichen Ereignisse, die historischen Katastrophen sich eher im Hintergrund abspielen und nur als Zitate vorkommen. Die Situation im Nachkriegsdeutschland und Schmidts konstitutionell erworbener, anthropologischer Pessimismus treffen im Grunde eher zufällig aufeinan-

Friedrich de la Motte Fouqué

der und verdichten sich zu einem Lebensgefühl, das sich einige Jahre auf der Höhe der Politik und Geschichte bewegt.

Die dem *Leviathan* nachfolgenden Erzählungen, *Brand's Haide* und *Schwarze Spiegel*, belegen dies auf eindrucksvolle Weise. Beide schildern das Überleben nach einer Katastrophe. *Brand's Haide* thematisiert die Heimkehr eines Kriegsgefangenen, der in existentieller Not sein Leben neu einzurichten beginnt. Bei näherem Hinsehen wird diese zeitgeschichtliche Perspektive jedoch durch Anspielungen und Zitate aus der Lebensgeschichte und dem Werk des romantischen Dichters Fouqué transzendiert. Die reale Welt wird durch eine mythische Welt entgrenzt; Flucht und mißglückende Heimkehr werden zum Topos einer allgemeinen Menschheitsgeschichte, die sich – so die These Schmidts – von Zeit zu Zeit in Chaos auflöst und dem Einzelnen alles wegnimmt, bis er sich dann irgendwann kleine Stücke von der Welt abtrennt und einen Raum zum Überleben schafft.

Dies ist der äußere Rahmen der Erzählung. Für Schmidt aber ist der Fouqué-Komplex mehr, nämlich ein affektives Potential, mit dem er seine Wünsche interpretiert und sein Welt- und Lebensgefühl ausdrückt. Schon der Titel der Erzählung, *Brand's Haide*, verweist auf das in Fouqués «Lebensgeschichte» erwähnte Waldstück an der sächsisch-preußischen Grenze. *Brand's Haide* steht bei Fouqué für die ihn zeitlebens bedrängende Empfindung, die Existenz eines «Verirrten»[159] führen zu müssen; eine Seelenlage, mit der sich Schmidt verbunden fühlt. Sein Alter ego wird am Ende der Erzählung mit der Gewißheit dastehen, daß seine Erfahrungen und seine Gedankenwelt nicht mitteilbar sind und er durch eine unüberbrückbare Kluft von den Empfindungen und Gedanken der ‹normalen› Menschen getrennt ist. Zweifellos ein Umstand, der normalerweise zur Psychose führt. Schmidts Held aber erlebt sein Allein- und Getrenntsein als einen einzigen Triumph. Als er seine Geliebte am Bahnhof verabschiedet hat, ist die letzte Brücke zur realen Welt abgebrochen, und ein Gefühl der Befreiung kommt in ihm auf: *ersprang Treppen, probierte Geländer mit der Hand, holzbelegte, gab die Bahnsteigkarte in zangenbewehrte Finger: schön war draußen der leere hellgraue Platz (wie meine Seele: leer und hellgrau!) auf dem der hohe Wind mich mit Staubgebärden umtanzte; wir waren allein, hellgrau und frei, ni Dieu, ni Maîtresse. Ich hatte große Lust, die Windschwünge mit den Armen nachzuahmen.*[160] Schon in *Enthymesis* heißt es: *Allein! Allein!! – Ich möchte eine Hymne singen. Ich bin so glücklich.*[161] Nicht zur Menschheit zu gehören und mit dem eigenen, omnipotenten Ich nicht in die Welt zu passen, das ist für Schmidt, der sich in seinen Figuren imaginär reflektiert und die Handlungen seiner Helden als Gedankenexperimente entwirft, eine Bestätigung seines Andersseins.

Was in *Brand's Haide* am Ende steht und als das Ergebnis eines schmerzhaften Ablösungsprozesses dargestellt wird, nämlich das Alleinsein des Ich-Erzählers, das ist die Ausgangslage, mit der die Erzählung *Schwarze Spiegel* einsetzt. Nach einer atomaren Katastrophe ist die Erde menschenleer, der Ich-Erzähler ist – wie es zunächst aussieht – der einzige Überlebende. Dieser letzte Mensch tritt nun mit der Mentalität eines «lonesome Cowboy» auf und wühlt in den Resten und Trümmern der menschlichen Zivilisation, um sein Überleben zu organisieren. Vorbild für diese Figur ist weniger – wie es die Anlage der Erzählung nahelegt – Defoes «Robinson Crusoe» als Coopers «Lederstrumpf», von dessen Individualismus sich Schmidt von Kindheit an fasziniert zeigte. Ist Lederstrumpf der Mann der Wälder, so fühlt sich der Held in den *Schwarzen Spiegeln*, mit der Brechstange in der Hand und mit zwei umgehängten Waffen, gleich als *Herr der Welt*[162]: *Bloß gut, daß Alles zu Ende war; und ich spuckte aus: Ende!*[163] Er feiert die Apokalypse, die Abschaffung der menschlichen Zivilisation, wie ein Fest: *ich brauchte Niemanden!*[164]

Aber nachdem er die Einsamkeit hat hochleben lassen, überkommt ihn das Grausen, das tolle Gelächter bleibt diesem Deklamateur der Endzeit im Halse stecken. Er hat jetzt die ganze Bühne für sich, ist Regisseur und Schauspieler, kann den Menschenfeind nach Herzenslust spielen und seinen Welthaß ins Parkett schleudern. Doch am Schluß seines Auftritts schaut er mit stockendem Atem verblüfft ins Publikum: *aber wo blieb der Beifall??*[165] Ein Schauspieler, der den Menschenfeind vor leeren Rängen, ohne einen einzigen Zuschauer spielt, was ist lächerlicher? *Da gab ich es gekränkt auf, und entfernte mich pikierten Ganges.*[166] Der Monumentalmensch Lederstrumpf geht ja aus dem Konflikt des Einzelgängers mit der Gesellschaft hervor, die aber fehlt hier einfach. Wer sich so emphatisch als Menschenfeind definiert, der braucht die Menschen, der will sie verändern und erziehen, der macht sich zum Menschenfeind aus Liebe zu den Menschen, und der ist dauernd auf der Suche nach Menschen, die seine Liebe nicht enttäuschen: *Ob außer mir überhaupt noch jemand übrig war? Wohl kaum; vielleicht irgendwo auf den Südzipfeln der Kontinente, die vermutlich noch am wenigsten abgekriegt hatten; man müßte ein Radio in Betrieb setzen können.*[167] Diese Suche nach den verhaßten Menschen hat nichts mit irgendwelchen widersprüchlichen Strebungen zu tun, sie ist konsequent, denn dieser Menschenfeind muß seine Geschichte loswerden, seine Erfahrungen vermitteln, seine Botschaft überbringen. Gelingt ihm das nicht, dann, so seine Befürchtung, wird er am Ende *allein mit dem Leviathan sein (oder gar er selbst)*[168].

Eine Gefährtin, auf die er am Schluß der Erzählung trifft, wird zwar eine Zeitlang sein Dasein mit ihm teilen und seine Geschichte anhören, aber in die Rolle eines Objekts läßt sie sich nicht drängen: *Du bist mir zu stark*[169], sagt sie beim Abschied.

Die Erzählungen *Brand's Haide* und *Schwarze Spiegel* werden im Oktober 1951 im Rowohlt Verlag veröffentlicht. Was zunächst *Brand's Haide* betrifft, so gehen die Arbeiten dazu bis in die vierziger Jahre zurück. Den *Öreland-Traum*, ein Kernstück im ersten Teil der Erzählung, schrieb Schmidt am 29. Dezember 1947. Die eigentliche Idee zu *Brand's Haide* steht in Verbindung zu einem Traum, den Schmidt in der Nacht vom 31. März zum 1. April 1949 hatte.

Überhaupt: Träume! Sie scheinen in diesen Jahren – wir werden es noch beim *Faun* sehen – eine produktive Rolle für Schmidt gespielt zu haben. In seinem Tagebuch hat er später viele seiner Träume festgehalten. Häufig sind es Angstträume, die im Zusammenhang mit seiner Angestelltentätigkeit oder mit Kriegserlebnissen stehen; die Furcht, in ein Konzentrationslager eingeliefert zu werden, ist ein wiederkehrendes Schreckbild in einigen dieser Traumerlebnisse.[170]

Folgen wir dem Tagebuch Alice Schmidts[171], dann beginnt Arno Schmidt mit ernsthaften Arbeiten an *Brand's Haide* am 23. Dezember 1949. Vorher, in den Monaten Oktober bis November 1949, erfolgt die Niederschrift des Lesedramas *Massenbach*. Die historische Gestalt des Christian von Massenbach, der in den Kriegen gegen Napoleon Generalstabschef der preußischen Armee war und 1817 als ‹Landesverräter› zu vierzehn Jahren Festungshaft verurteilt wurde, war Schmidt bei der acht Jahre währenden Materialsammlung zu seiner Fouqué-Biographie aufgefallen. Schmidt diktiert den Text seiner Frau in die Schreibmaschine, *im Auf= und Abgehen, in ziemlich hoher Konzentration* und, wie er betont, *nur um den Komplex loszuwerden*[172]. Nachdem Rowohlt ablehnt, «von kaum zu überbietender Trockenheit»[173], erfolgt erst 1961 im *Belphegor* eine Veröffentlichung.

Mit der Niederschrift von *Brand's Haide* beginnt Schmidt dann Anfang Januar, beendet wird sie erst am 2. September 1950; zwei Tage später geht das Manuskript an Rowohlt und löst die schon oben erwähnte Kontroverse aus. Im Zusammenhang damit steht ein Brief Ledig-Rowohlts, in dem er für eine von der *Wundertüte* getrennte Einzelveröffentlichung von *Brand's Haide* plädiert, weil das «nach dem *Leviathan* die gemäße Fortsetzung einer eigenen Linie»[174] wäre. Schmidt war wohl selbst mittlerweile zunehmend skeptischer gegenüber der *Wundertüte* geworden und entschied sich am 24. Januar 1951 für eine separate Veröffentlichung von *Brand's Haide*. Zum Entscheidungsprozeß schreibt Alice Schmidt in ihrem Tagebuch: «Irgendwie spielte bei den Überlegungen eine Rolle: das Woherkommen, wie aus den W.[undertüte] Essays ersichtlich, also von welcher Richtung, brauchte dem Publikum doch nicht gleich vorgesetzt zu werden.»[175] Damit ist das Schicksal von *Arno Schmidts Wundertüte* besiegelt, sie erscheint erst postum im Frühjahr 1989. Einige Auszüge aus der fiktiven Briefsammlung verwendet Schmidt allerdings im Laufe der Zeit in anderen Zusammenhängen. So integriert er einzelne Texte in die Erzählungen *Schwarze Spiegel* und *Faun*, der Brief an W. Carl Neumann erscheint 1955 in Max Benses Zeitschrift «Augenblick», die Erzählung *Alexander* wird 1953 in dem Band *Die Umsiedler* veröffentlicht.

Schwarze Spiegel ist nach Schmidts eigenem Bekunden das *Längere Gedankenspiel* seiner Kriegsgefangenschaft *im Stacheldrahtkäfig vor Brüssel*[176]. Die Materialsammlung setzt am 7. Januar 1951 ein. Mit der Niederschrift fängt er – folgt man seiner Datierung – am 1. Mai 1951 um 10^{40} Uhr an und beendet sie am 20. Mai 1951 um 12^{30} Uhr. Schmidt, man sieht es an dieser Datierung,

Umschlagentwurf nach einem Bild von Gisela Andersch

nimmt, sobald er sich an den Schreibtisch setzt, die genaue Uhrzeit und trägt sie ein. Gemessen wird freilich nur die Zeit, die er effektiv am Schreibtisch verbringt, alles andere (Lesen im Sessel, Ideen, die ihm während des Spaziergangs oder im Bett kommen) gilt ihm nicht als Arbeitszeit. Schmidt hat alles darangesetzt, seine schriftstellerische Arbeit formal so zu organisieren, als wenn es ein ‹normaler› bürgerlicher Beruf sei. Nur dadurch, daß er die Zwänge des Berufslebens auf die schöpferische Arbeit übertrug, konnte er seinem schlechten Gewissen, seiner Angst, mit dem, was er schrieb, keine ‹vernünftige› Arbeit zu leisten, entgehen.

Die Erzählung *Schwarze Spiegel* – Schmidt plagen während der Niederschrift und der Durchsicht einige Bedenken – wird schließlich am 25. Mai 1951 an den Rowohlt Verlag geschickt. Der Lektor Kurt Marek formuliert in einem Brief vom 4. Juli 1951 Einwände und fordert Schmidt auf, sich einen neuen Schluß auszudenken. Wie nicht anders zu erwarten, weigert sich Schmidt, einen dritten Teil zu den *Schwarzen Spiegeln* zu schreiben. In einem Brief an Ledig-Rowohlt vom 20. Juli 1951 heißt es: **Weiter** *ist nichts zu schildern; und es ist auch nicht* **anders** *zu schildern.*[177] Am 21. Juli nimmt Rowohlt die Erzählung *Schwarze Spiegel* an und bringt sie zusammen mit der Erzählung *Brand's Haide* heraus.

In dieser Zeit betreiben die Schmidts – sie wohnen jetzt knapp ein Jahr in Gau-Bickelheim (Rheinhessen) – ihre Umsiedlung nach Kastel im Kreis Saarburg. Als Grund müssen wiederum die von Schmidt als besonders reizlos empfundenen *Naturschönheiten*[178] und seine historisch-biographischen Forschungen herhalten, die er in den Archiven von Trier, Saarbrücken, Luxemburg und Metz fortzusetzen wünscht. Der Umzug erfolgt Anfang Dezember. Ein bißchen hat dieses Kastel schon Ähnlichkeit mit Schmidts Wunschort. *Da ist es sehr einsam, hinten an der Saar. Schluchten mit senkrechten Wänden aus triassischem Buntsandstein; haushohe Felskerle sperren den Weg, in rostroter Buschklepperrüstung, den riesigen Wackelstein als Schädel*[179], so fängt die Erzählung *Schlüsseltausch* an. Kastel liegt abseits einer Bahnverbindung. Kommt man von der nächst gelegenen Bahnstation Serrig, dann führt der direkte Weg mit einer Fähre über die Saar. Schmidt, der *eine Schwäche für Inseln* hat, obwohl, wie er einschränkend betont, *nur ganz=theoretisch*[180], hat solche Insellagen eben auch ganz praktisch gemocht.

Die Schmidts bewohnen in Kastel zwei Zimmer im Parterre, die durch einen Flur getrennt sind. Hier beendet Arno Schmidt im Mai 1952 die Arbeit an der Erzählung *Die Umsiedler*, die sich thematisch auf die Ende 1950 erfolgte Umsiedlung Schmidts von Niedersachsen nach Rheinhessen bezieht. Im Untertitel der ersten Ausgabe dieser Erzählung, die Schmidt wegen seiner Textgestaltung als *Fotoalbum* bezeichnet, heißt es: *24 aufnahmen mit verbindendem text.* Unmittelbar nach der Niederschrift kommt Schmidt die Idee zu der Erzählung *Aus dem Leben eines Fauns: 1. Einfall: 1.6.52, 11⁴⁰ – 3.6.52, 9⁰⁰*[181]. Diese Erzählung wird er später als den ersten Teil einer Trilogie bezeichnen, deren weitere Teile *Brand's Haide* und *Schwarze Spiegel* sind. Im Mai 1963 erscheint die Trilogie erstmals unter dem Titel *Nobodaddy's Kinder* als Rowohlt Paperback Nr. 23.

Der *Faun* spielt während des Nationalsozialismus in der Lüneburger Heide; der Ich-Erzähler ist ein kleiner Beamter mit einem Doppelleben. In dem einen Leben ist er der korrekte, dienstbeflissene Beamte, der angepaßte Ehemann und treusorgende Familienvater, der in keiner Situation aus der Rolle fällt. Das andere, wahre Leben aber spielt sich bei ihm in der Phantasie und, im weiteren Verlauf der Erzählung, in einer einsamen Hütte im Wald ab, wo er die Existenz eines aus der Napoleonischen Armee geflüchteten Deserteurs nachlebt.

Im dritten Teil der Erzählung, der im August/September 1944 spielt, wird er gezwungen, diese Existenz aufzugeben und die Hütte zu verbrennen. Vorher kommt es jedoch zu jener schon erwähnten Szene eines Luftangriffs auf eine Munitionsfabrik, den Schmidt in stilisierten Metaphern und in einer staccatohaften Schreibweise schildert. Daß es mit diesem dritten Teil des *Fauns* eine besondere Bewandtnis hat, wird deutlich, wenn wir die Arbeitsschwierigkeiten Schmidts während der Niederschrift betrachten.

Nachdem der zweite Teil am 19. Dezember 1952 abgetippt ist, notiert Arno Schmidt am nächsten Tag: *Abgebrochen (weil Brands Haide und Schwarze Spiegel zu ähnlich!) am 20. 12. 52.*[182] Seiner Frau erzählt er, daß er den *Faun* zerstückeln und als Gedichtband veröffentlichen wolle. Am 30. Dezember heißt es dann im Tagebuch Alice Schmidts: «A. bekommt am Abend (aufm Klo!!) den Einfall zum 3. Teil des Faun u. die ganze Nacht über knipst er ständig die Lampe an u. macht Notizen, von denen er dann am Morgen einen ganzen Packen hat u. sie sorgfältig abschreibt. – Ganz durchgedreht muß er ja sein u. ist es auch.»[183]

Zum weiteren Fortgang der Arbeit am *Faun* notiert Alice Schmidt am 3. Januar 1953: «A. ändert den Titel ‹der Faun› in ‹Aus dem Leben eines Fauns›.» 6. Januar: «Und heute beginnt er auch mit dem 3. Faunteil, u. zwar mit dem 3. Viertel!» 7. Januar: «A. macht das 4. Viertel des 3. Faunteils. Deshalb so seltsam, damit er die Lust nicht verliert, in der Reihenfolge seines Gernschreibens oder vielmehr am unliebsten Schreibens, nach. Er trinkt v. 50%igem dazu. Wieviel hat er davon schon für'n Faun konsumiert.» 8. Januar: «A. macht 1. Viertel vom 3. Faunteil.» 9. Januar: «A. macht 2. Viertel v. 3. Faun und ist um 11.38 Uhr mit'm ‹Faun› fertig! Ein großes Aufseufzen!»[184]

Was sich hier bereits andeutet, daß Schmidts Arbeitspensum stark von Stimulantien abhängig ist, wird sich in den nächsten Jahren noch verstärken. Ende der fünfziger Jahre antwortet Schmidt auf die Frage, was er beim Schreiben zu sich nehme: *Ich ‹trinke›. – Zunächst, d. h. für 3–4 Stunden, Nes-Kaffee; dann, falls das ‹Pensum› Weiterarbeit erheischt, Fusel. (Jedoch immer ‹strategisch›; richtig ‹besoffen› bin ich nie.)*[185] Alkohol ist für ihn ein Mittel, um den Kontakt zur Realität, die Bremsklötze, die ihn beim Schreiben festhalten, zu lösen, ein Mittel, um sich zu vergessen, um endlich der zu sein, der er nicht sein kann. Schreiben ist dann für ihn eine Möglichkeit, sich zu enthemmen.

‹Schreibm? Iss doch keene Arbeit!›

Die fünfziger Jahre, das ist die Zeit, in der die ‹Endspiele› geschrieben werden, auch die Schmidts, aber in der sie keine Konjunktur, kein Publikum haben. Der Optimismus der Wiederaufbaujahre war so penetrant, so nachhaltig, daß der Pessimismus Schmidts nicht nur nicht populär, sondern geradezu unzeitgemäß wirkte. In jedem seiner Texte spiegelt sich sein Erschrecken darüber wider, daß der einzelne Erfahrungen gemacht hat, aber die Menschheit einfach so weitermacht wie bisher: 1950 bricht der Korea-Krieg aus, in der Bundesrepublik kommt wenig später die Diskussion um einen deutschen Verteidigungsbeitrag auf; am 7. Juli 1956 beschließt eine Zwei-Drittel-Mehrheit des Bundestags die Einführung der allgemeinen Wehrpflicht, und 1957 gewinnt Adenauer, mit dem zentralen Thema Wiederbewaffnung und atomare Ausrüstung der Bundeswehr, die absolute Mehrheit. Die fünfziger Jahre erschienen Schmidt wie eine Zwischenkriegszeit, ein kurzes Atemholen, bevor uns dann *Adenauer im Auftrag der Firma Eisenhower & Pacelli (...) wieder gen Ostland reiten lassen wird* [186].

Der spätaufklärerische Pessimismus Schmidts schwankt zwischen Rebellion und Hilflosigkeit. *Wenn ich von Marat lese,* notiert er am 4. Februar 1957 in sein Tagebuch, *beginne ich zu glühen: das ist Geist von meinem Geist! Ein großer Mann!* [187] Doch angesichts der völligen Wirkungslosigkeit seiner Literatur, wie sie sich in der, so Schmidt, *demonstrativen Nicht=Teilnahme* des Publikums an meinen *eigenen Arbeiten* [188] ausdrückt, fragt er betroffen nach der Realität eines sich aufgelöst-optimistisch gebärdenden Zeitgeistes: *Was war es, das ihnen diese entsetzliche Sicherheit, dies gespenstische Vergessen gab?* [189] Ein Phänomen, das sich Schmidt nicht erklären kann. Er, der nur außerhalb seiner Existenz, dort, wo er sein Leben erzählt und sein Ich fiktionalisiert, der Diskontinuität und dem Gefühl der Fragmentierung entgehen kann, fühlt sich angeekelt von den groben Instinkten der Masse, die er an sich selbst zu unterdrücken versucht, indem er eine negative Ethik der Kultur entwirft: Enthaltung, Askese, Ernst und *das Ideal des stillen Menschen* [190] gehören dazu. Dem, was er hier als Tugenden fordert, entsprechen seine Konstitution und – zu dieser Zeit auch – seine Existenz.

Ende der vierziger Jahre wollte Schmidt das Schreiben aufgeben, jedenfalls das Schreiben von Literatur. Da kam im Oktober 1950 die Nachricht vom Großen Literaturpreis, und er entschloß sich weiterzumachen.

Doch – mit Preis oder ohne – von seiner Literatur wird er vorerst nicht leben können. Für die zwei bei Rowohlt erschienenen Bände, *Leviathan* und *Brand's Haide*, erhielt er jeweils 500 DM. Er braucht ein anderes Standbein, und Schmidt denkt an etwas ‹Handwerkliches›, freilich nicht im landläufigen Sinn. So sehr er insbesondere den Beruf des Tischlers bewundert, so wenig denkt er daran, eine solche Tätigkeit zu ergreifen. Schriftsteller kann man nur ganz oder gar nicht sein, alles andere ist, wie er später schreibt, eine *unverschämte Diffamierung des SchriftstellerBerufes*[191]. Nein, Schmidt denkt an ‹Handübungen›, die im Bereich der Sprache bleiben, und das sind für ihn Übersetzungen. Eine erste, zunächst übungshalber entstandene Übersetzung von Edgar Allan Poes «The Fall of the House of Usher» trägt die Datierung *25. September 1946, 10 h 57m*[192]. Im Oktober 1950 spricht Schmidt dann Ledig-Rowohlt an und bittet um Übersetzungsaufträge. Anfang November 1950 erhält er ein Probekapitel aus Hammond Innes' «White South» zum Übersetzen, und nach Ablieferung und Durchsicht der Probeübersetzung bekommt er Ende November den Auftrag. Am 27. Dezember beginnt er mit der Arbeit und bereits Anfang Februar 1951 liefert Schmidt die fertige Übersetzung ab und erhält 750 DM Honorar. Das Buch erreicht als rororo-Taschenbuch eine Auflage von 143 000 Exemplaren, davon aber hat Schmidt als Übersetzer nichts. In *Zettels Traum* spricht seine Figur Paul Jacobi *vom Fluch des Übersetzers* (…): *‹KEENE PROZENTE!›. Wirst pauschál=abgefundn.*[193] Das ist bei den Übersetzungen Schmidts in den fünfziger Jahren durchgängig der Fall. Die Situation ändert sich erst in den sechziger Jahren; an den Übersetzungen von Edgar Allan Poe, von Bulwer und Cooper ist Schmidt mit einem Autorenhonorar von 10 Prozent beteiligt.[194]

In der kurzen Zeitspanne, die die Übersetzung von «White South» dauert, findet unter anderem der Umzug nach Gau-Bickelheim statt, fängt Schmidt am 7. Januar 1951 mit der Materialsammlung zu den *Schwarzen Spiegeln* an, und am 14. Januar wird ihm der Große Literaturpreis in Mainz überreicht. Den äußeren Umständen entspricht eine resolute Arbeitsweise: Schmidt diktiert seiner Frau die Übersetzung direkt in die Maschine; am Ende geht er den Text noch einmal durch, Alice Schmidt fertigt anschließend die Reinschrift an und liest später die Korrekturfahnen. Die dann folgenden Übersetzungen bereitet Alice Schmidt durch Vokabel-Nachschlagen schon so weit vor, daß ihr Mann sich auf die Feinarbeit konzentrieren kann. Man muß diese häusliche Arbeitsteilung in Anschlag bringen, nicht um die herkulische Leistung zu relativieren, sondern um den Blick für die Tatsachen zu behalten: «Sie waren zwei: Arno und Alice»[195], schreibt Wolfgang Koeppen in seiner Dankesrede zur Verleihung des Arno Schmidt Preises 1984.

Dennoch ist das Tempo des Übersetzer-Ehepaars Schmidt erstaunlich, von 1952 bis 1960 erscheinen jedes Jahr (mit Ausnahme von 1954) minde-

Arno Schmidt in Kastel, um 1955

stens eine oder zwei Übersetzungen aus dem Englischen. *Für die frühe-sten*, schreibt Schmidt 1973 in der Dankesrede zum Goethe-Preis der Stadt Frankfurt, *geb' ich kein gut Wort. Aber späterhin, als ich mir Titel aussuchen; ja, sie schließlich selbst, nach Gefallen, vorschlagen konnte, traten die Stücke in immer engere Beziehung zu meinen eigenen Bü-chern.*[196] Mit der letzten Bemerkung spielt Schmidt insbesondere auf die in den sechziger Jahren zusammen mit Hans Wollschläger übersetzten Werke Edgar Allan Poes an, die er in *Zettels Traum* als Material für eine sprachphilosophische und psychoanalytische Textexegese heranzieht. Brotarbeiten sind auch die späteren Übersetzungen in gewissem Umfang noch, aber der Zwang ist doch ein abgemilderter, zumal Schmidt jetzt ei-nen Namen hat und nicht mehr nur *Literaturschlamm* und *Kriminalrei-ßer*[197] übersetzen muß. Auf der anderen Seite ist ihm als reine Brotarbeit, zum Zwecke des Geldverdienens die ‹leichte› Kost der Trivialliteratur lieber als die anspruchsvolle Hochliteratur. *Man denke sich als naiver Leser doch ja nicht, daß es dem Dichter ‹hohe Seligkeit› sein müsse, einen verwandten Genius zu übersetzen! Im Gegenteil: je platter und simpler der Text; je geringer der Wortschatz des fremden Romanschreibers; kurz, je ‹einfacher› die verhaßte Arbeit, desto angenehmer für den Geplagten! Bedauernswert der Unselige, der einen ‹anspruchsvollen› Ausländer vorgesetzt erhielt; fluchend wird er sich durch den schwierigen Text hindurchmaulwurfen, im schrecklichsten aller Zwiespalte: wohl könnte er die feine Goldschmiedearbeit nachahmen, wenn er sich hinterdrein nur nicht mit dem armseligen Gedanken plagen müßte, ‹Geld› dabei verloren zu haben.*[198]

Ob nun die aufgezwungene Übersetzungsarbeit der fünfziger Jahre oder die mehr oder weniger freigewählten Übersetzungen der sechziger und siebziger Jahre, ihnen allen liegen bestimmte Merkmale und Eigentümlichkeiten zugrunde: So zum Beispiel die Einbeziehung einer phonetischen Schreibweise, mit der Schmidt milieuspezifische Tonlagen und Artikulationsformen wiedergibt, oder die Steigerung des Texterlebens durch unkonventionell eingesetzte Satzzeichen, des weiteren die Verwendung von Dialektworten aus dem norddeutschen und schlesischen Sprachraum und nicht zuletzt der Einsatz expressionistischer Wortbildungen. Schmidts Übersetzungen strahlen auf Grund der eigenen Sprachschöpfungen eine Aura aus, die, in einigen Fällen, über das Original hinausging und – wie bei der Poe-Übersetzung – die Puristen des Übersetzerhandwerks auf den Plan rief.

Bei allem Zwang und allem Fluchen Schmidts, daß er ums liebe Geld übersetzen müsse und sich nicht anderen, wichtigeren Aufgaben zuwenden könne, in Wahrheit war es eine Arbeit, die ihn nicht nur existentiell, sondern auch persönlich stabilisiert hat. Übersetzen ist eine methodisch gegliederte Arbeit, der Rahmen ist festgelegt und der Endpunkt bekannt. Darum spricht Schmidt im Tagebuch, wenn er übersetzt, des öfteren von einem **Pensum**. Die Arbeit des Übersetzens hat für Schmidt einen wesentlichen Vorzug gegenüber allen anderen Brotarbeiten, sie ist, so sagt er später, *das bessere Mittel zur SelbstDisziplinierung*[199]. Nichts beweist ihm nämlich in diesen Jahren, ob sein innerlich empfundenes Genie wirklich vorhanden ist oder aber eine bloße Haltung, eine hochmütige Behauptung. Schmidt, der sich in seinen Erzählungen den Anschein gibt, auf Kritik und Publikum zu pfeifen, ist in höchstem Maße von ihren Urteilen abhängig, er lechzt förmlich nach jeder Reaktion und spricht, wo sie zunächst immer deutlicher ausbleibt, resignierend von einer *Taubstummenanstalt*[200].

Wer ihn nur aus seinen Erzählungen kennt, glaubt, mit ihm offen über alles reden zu können, hält ihn für eine robuste Natur, die «ein ehrliches Wort»[201] vertragen kann. Dem ist aber nicht so. Er fordert, selbst von näheren Bekannten, keine Wahrhaftigkeit, sondern immer dringender –

und fast flehentlich – eine *Injektion des Lobes*[202]. Am 29. Oktober 1951 schreibt er an seinen ehemaligen Kollegen Johannes Schmidt: *Bitte: Bitte: lesen die zweite Erzählung ‹Schwarze Spiegel› heisst sie, glaube ich, zuerst. Wenn Sie sich überwinden können zu sagen: Sie ist gut, wäre ich Ihnen dankbar. Sonst sagen Sie bitte nichts.*[203] Wer dann in den *Schwarzen Spiegeln* liest, stößt auf den Zusammenhang dieser Bitte: *Ich hab immer begeistert Wieland gelesen: Poe, Hoffmann, Cervantes, Lessing, Tieck, Cooper, Jean Paul – das hab ich mir manchmal vorgestellt: ob die mit meinen Sachen zufrieden wären, oder Alfred Döblin und Johannes Schmidt.*[204]

Den anderen Zeitgenossen, Alfred Döblin, schreibt Arno Schmidt ebenfalls an. Er schickt ihm am 19. September 1953 nach Paris die *Umsiedler* und den *Faun* und erklärt Döblin – so en passant – seine neueste Prosatechnik mit der Bezeichnung ‹Fotoalbum›. Döblin findet in seinem Antwortbrief vom 15. Oktober 1953 die richtigen Worte für den nach Anerkennung dürstenden Schmidt: «Ihre beiden Bändchen sind prächtig und herzerfreuend. Ich habe sie sorgfältig, zweimal Zeile um Zeile gelesen. Sie sind auf dem richtigen Wege, ich weiss keinen von den Jungen und Jüngeren, der da mit Ihnen mitkommt, und von den Älteren kapieren die meisten überhaupt nichts, die können nur Adenauer wählen. [...] Machen Sie sich nichts aus den Zeitungsschmierern, deren Amt ist nur, zu ruinieren.»[205] Das war Schmidt aus dem Herzen gesprochen, und er weiß sich zu revanchieren. Im nächsten Buch (*Das steinerne Herz*) erscheint ein dann häufig wiederholter Tadel der Nobelpreis-Jury, die imstande war, einen Döblin zu übergehen.[206]

Aufmerksam auf Arno Schmidt wurden in dieser Zeit auch andere, Hans Henny Jahnn zum Beispiel. Beide kannten sich bereits von der Preisverleihung in Mainz her, wo Jahnn Jurymitglied war. Zwischen Jahnn und Schmidt kam es zu einem kleinen Briefwechsel, man bekundete gegenseitig Sympathie für das Werk des anderen und war sich einig in der Ablehnung von Militarismus und christlich verbrämter Politik. Aber in ihrem Charakter und in der Auffassung ihres Schreibens waren sie zu verschieden, um wirklich aufeinander eingehen zu können. Auch konnte Jahnn in diesen Jahren, in denen es ihm selbst schlecht ging, kaum etwas für Schmidt tun.

Das war ganz anders bei dem damaligen Redakteur des Süddeutschen Rundfunks Dr. Martin Walser. Der lud Arno Schmidt am 19. August 1952 ins Funkhaus ein und ließ ihn eine Stunde lang aus *Brand's Haide* vorlesen. Walser, der noch im selben Jahr eine Hörspielfassung der Erzählung *Gadir* produzierte, hat Schmidt sehr dazu gedrängt, doch selbst Hörspiele zu schreiben.[207] Schmidt stand jedoch allen radiophonen Formen zunächst skeptisch gegenüber und war eher daran interessiert, seine bereits fertigen Manuskripte unterzubringen, von denen er zwei gleich mitgebracht hatte. Das eine, *Die Umsiedler,* war am 26. Januar vom Rowohlt Verlag mit dem Hinweis abgelehnt worden, es sei «weniger gelun-

Alfred Andersch

gen», man müsse «von einer Veröffentlichung abraten»[208]; bei dem anderen Manuskript handelte es sich um den ursprünglich für die *Wundertüte* vorgesehenen *Alexander*.

An diesem Augusttag lernte Schmidt beim SDR in Stuttgart noch einen anderen Mitarbeiter kennen, der, wie sich dann herausstellen sollte, eine ganz entscheidende Rolle bei der Durchsetzung seiner Literatur spielte, Alfred Andersch. Andersch hielt Schmidts Literatur für eine ästhetische Revolution und nahm in formal-technischer Hinsicht, im Sprachgefühl geradezu genialische Züge an ihr wahr. Im Laufe des Gesprächs bat er Schmidt um eine Erzählung von etwa 100 Seiten für die von ihm in der Frankfurter Verlagsanstalt herausgegebene Reihe ‹studio frankfurt›, und Schmidt überreichte ihm «sofort»[209] die beiden mitgebrachten Manuskripte. Am 6. September 1952 nimmt Andersch die Manuskripte an und bietet Schmidt ein Pauschalhonorar von 1500 DM, zahlbar in sechs Monatsraten von je 250 DM. Für Schmidt ein außergewöhnlich gutes Angebot, das er postwendend annimmt.

Folgt man Stephan Reinhart, dem Andersch-Biographen, dann zeigte sich Schmidt bei dieser Unterredung so, wie es seine Prosa vermuten ließ: geniebewußt, elitär und snobistisch. Schmidt, der sich gern unnahbar gab und seine Leser vor dem Versuch warnte, ihn persönlich kennenlernen zu wollen, «dozierte in Stuttgart für Anderschs Geschmack ein wenig zu sehr von oben herab»[210]. Doch Andersch war ein Mensch, der sich durch solche Posen in seiner unbedingten Sympathie nicht beirren ließ, der aber andererseits illusionslos war, was die beiderseitigen persönlichen Beziehungen anging. Fernste Nähe war da seine Devise. Wenn Schmidt später, auf sich selbst zeigend, sagte, daß eben *der ‹Genius› eine extreme Erscheinung iss,* der notwendigerweise *auch noch auf einijn=andern Sektoren seines Lebms ‹extrem› sein müsse*[211], dann hat Andersch oft mit diesem ‹Extrem-sein-Müssen› gehadert.

Schon beim ersten Kontakt wird vieles von dem sichtbar, was auch die weitere Beziehung prägen wird: Differenzen in persönlichen und literarischen Fragen, die man lieber unangetastet ließ, über die man mit Schweigen und Geschäftigkeit hinwegsah, bei einer alles in allem doch beiderseitigen Zuneigung oder, vielleicht besser, einer Art Solidargefühl. Was von Schmidt allerdings hart auf die Probe gestellt wurde, als er in *Zettels Traum* ein sarkastisches Andersch-Porträt entwarf, das jeder auch nur halbwegs mit den Verhältnissen vertraute Leser identifizieren konnte: *‹Einmal hasDe Besuch gekriegt: n Kollege mit seiner Frau ...: ‹(Den Mann habt Ihr übrijens bestimmt auch in der Schule erwähnt: kein Genius, aber’n leidlich=ordntlicher LiteraturWerker. Er lobte Mich zu einer Zeit, da Lob Mir noch förderlich war. – (:?) – Ochnein: als ‹Mensch› iss er mir etwas zu ‹weltoffen›, so – ‹gepflegte Ungepflegtheit›, weißDu; also einer, der im Grunde seines Herzens zu den Smoking=Kulturen tendiert).*[212] Andersch war entrüstet und verlangte ein klärendes Wort. Das kam denn auch von Arno Schmidt, das heißt, es kam von seiner Frau Alice, in Konfliktsituationen tauchte der sonst oft so hemdsärmlig auftretende Schmidt einfach unter und schickte seine Frau vor. Alice Schmidt teilte mit, daß ihr Mann «bei der betreffenden Stelle nicht im entferntesten Alfred und Gisela Andersch gemeint habe»[213]. Für Andersch war damit die «lupenreine Freundschaft»[214] gerettet, doch eine ‹Freundschaft› war es nie, und von ‹lupenrein› kann schon gar nicht die Rede sein. Im Verhältnis zu Andersch zeigt sich eine auch in anderen Fällen zu beobachtende Charakterschwäche Schmidts, seine Feigheit im persönlichen Verkehr, die bis zur Selbstverleugnung ging. Jürgen Manthey hat in diesem Zusammenhang eindrücklich auf das Wechselspiel zwischen Kleinheitsgestus und der Vorstellung von einem omnipotenten Größenselbst bei Schmidt hingewiesen.[215]

Freunde habe er nie gehabt, behauptete Schmidt am Ende seines Lebens. Trotzdem gab es jemand, der ihm lange Jahre ein Freund war, der Studienrat Dr. Wilhelm Michels. Am 21. Oktober 1953 schrieb er an Schmidt und lud ihn zu einem Leseabend in das Waldschulheim Schönberg im Taunus ein. Wie wichtig Schmidt damals positive Reaktionen auf seine Literatur nahm, zeigt sich an seiner umgehenden Antwort vom 24. Oktober. Darin schreibt er: *Sie glauben nicht, wie selten und wohltuend es ist, wenn man, als Pionier auf Einmannpfaden in der Wildnis der Worte, plötzlich einen Gruß, zumal der Jugend, hört!* [216] Schon in diesem ersten Brief legt Schmidt seine Rolle fest, die er in Zukunft immer eindeutiger – und nicht nur gegenüber Wilhelm Michels – spielen wird, die des Schmerzensmannes, der seinen Arbeitsfleiß präsentiert und die Opfer aufzählt, die er seiner Kunst bringt, weil er meint, darüber entscheide sich ihr Wert.

Im Brief an Michels heißt es in bezug auf die fertiggestellte Trilogie: *Sie werden erkennen, wieviel toreutische Arbeit notwendig war, um solch ein Triptychon in dehydrierter Prosa zu schaffen. Ich klage nicht an; ich habe keine Zeit zum Anklagen. Ich bin der Topograph der horizontalen Höllenstürze: Der, der nebenher stürzt, und aus seinen Adern mitstenographiert: wenns alle ist, ists alle! – Zuviel schon.* [217] Pathos ist für Schmidt die rettende Haltung, mit der er sich, mehr als durch alles andere, vor den Urteilen der Außenwelt schützt. Im Pathos gewinnt er die Überzeugung, daß sein Werk überleben wird und ihm der Nachruhm sicher ist. Peinlich wird es dann für alle diejenigen werden, die ihn kritisiert und ihm sein Scheitern prophezeit haben.

Doch zurück zum Brief. Wilhelm Michels bedankt sich für den beigelegten *Faun* mit einem Freßpaket: «Ich traue Ihnen zu», so Michels, «daß Sie Humor genug haben, diese Gabe symbolisch aufzufassen.» [218] Schmidt fühlt sich jedoch eher in seinem Stolz verletzt, er antwortet zunächst gar nicht und dann mit einem etwas gequälten Dank: *Es war schon richtig so.* [219] Zur Lesung ist es übrigens erst gut zwei Jahre später, am 18. Februar 1956, gekommen, es blieb die einzige öffentliche Lesung Schmidts.

Das Aufatmen Schmidts nach dem Vertragsabschluß mit der Frankfurter Verlagsanstalt dauerte nicht lange. Schon beim nächsten Manuskript, dem dann schließlich doch wieder von Rowohlt übernommenen *Faun,* gab es Schwierigkeiten. Professor Eugen Kogon, Leiter der Frankfurter Verlagsanstalt, teilte Schmidt am 14. Februar 1953 mit, daß er – bei aller persönlichen Wertschätzung des *Faun* – ihn für den Verlag nicht übernehmen könne. [220] Schmidt muß diese Ablehnung wohl geahnt haben, denn schon am 3. Januar 1953 macht er in einem Brief an Ledig-Rowohlt auf sein neues Manuskript aufmerksam, und am 16. Februar, also zwei Tage nach der Ablehnung Kogons, schreibt Schmidt erneut an Ledig-Rowohlt: *Ich habe mich nach reiflicher Überlegung entschlossen, doch andere Angebote zurückzuweisen, und Ihr telegraphisches anzunehmen!* [221]

Das Buch ist gerettet, und die Schmidts gönnen sich eine Verschnaufpause – so scheint es zunächst jedenfalls. Vom 22. bis zum 26. Juni 1953 fahren sie an den Dümmersee. Arno Schmidt hat sich ein einsames Fleckchen vorgestellt und fällt dann aus allen Wolken, als er in Lembruch Kurhotel, Camping und Bootsvermietung entdeckt. [222] Auf der anderen Seite am See, in Dümmerlohhausen, soll es viel stiller sein, wird ihnen gesagt.

Hinten kollerte das Wolkenfaß wieder ein Stückchen näher: Binsen faßten sich an den Rispen und ringelreihten kurz ums Boot. (Seelandschaft mit Pocahontas)
Auf dem Dümmer im Juni 1953. Foto: Alice Schmidt

Doch die Schmidts scheuen zunächst den Umstand und die Kosten, die eine Fahrt mit dem Boot oder dem Taxi verursachen würde. Ja, und eigentlich ist Arno Schmidt sowieso gegen das Reisen: *Wir bleiben etwas hier sitzen und gehen dann zum Bahnhof und bleiben noch 'n Tag an der Mosel* [223], schlägt er resigniert seiner Frau vor. Die aber denkt gar nicht daran, jetzt wieder zurückzufahren, so geht es schließlich doch mit dem Taxi nach Dümmerlohhausen und auf Empfehlung der Chauffeurin in die Pension Franz Schomaker.

Aus den jetzt anbrechenden Urlaubstagen wird ein Stück Literatur, *Seelandschaft mit Pocahontas*. Der Plot und die Konstellation der Figuren in der Erzählung ist freilich eine andere: Der Ich-Erzähler trifft sich für ein paar Urlaubstage mit seinem Kriegskamerad Erich Kendziak, und auf dessen Motorrad geht es an den Dümmersee. Was dann folgt, die Besichtigung in Lembruch und die anschließende Fahrt nach Dümmerlohhausen, das stimmt, bis in kleinste Einzelheiten, mit den Eintragungen in Alice Schmidts Tagebuch überein. Alice Schmidt schreibt zur Pension Schomaker in ihr Tagebuch: «Schlafen und Verpflegung pro Person pro Tag 8 Mark. Schön saubere Wirtsstube u. anschließende ‹Clubräume›.» [224] In der Erzählung heißt es: *Auch drinnen wars propper; alle Klos mit Wasserspülung (...). Volle Pangsion 8 Mark pro Kopf und Tag.* [225] De-

Umschlagentwurf
von Arno Schmidt
zu *Seelandschaft
mit Pocahontas*

tailgetreu sind viele Partikel der Erzählung aus den Urlaubstagen von Arno und Alice Schmidt ins Fiktionale übersetzt. Nur der Plot fällt aus diesem Realismus heraus. Die *Seelandschaft* ist eine Liebesgeschichte, eine Urlaubsromanze.

Wieder zurück in Kastel, hat sich Schmidt sofort an die Erzählung gemacht. Zum erstenmal benutzt er Zettel; etwa 750 solcher Zettel fertigt er für die knapp 50 Druckseiten umfassende Erzählung an. Dieser Zettelkasten ist also – gemessen am unmittelbaren Schreibanlaß – stark übergewichtig, und während Schmidt später nur Stichworte auf den Zetteln notiert, sind es hier noch zusammenhängende Sätze. Schmidt gibt für die Niederschrift den Zeitraum von Juli bis Oktober an. Das kann jedoch nicht ganz stimmen, denn wie aus einem Brief Alfred Anderschs vom 14. September 1953 hervorgeht, hat er zu diesem Zeitpunkt die *Seelandschaft* schon gelesen und möchte sie in der Studio-Reihe der Frankfurter Verlagsanstalt herausbringen. Doch wie vorher der *Faun,* so erhält Schmidt auch diesmal eine Ablehnung. Kogon begründet in einem Brief vom 5. November 1953 an Schmidt seine Haltung mit dem «sexuellen Aggregatzustand»[226] der Erzählung. Auch ein Versuch Schmidts, die Erzählung bei Rowohlt unterzubringen, scheitert schließlich.

Trotz dieser desolaten Situation scheint Schmidt, was sein Arbeitstempo anbetrifft, die Flucht nach vorn anzutreten. Zusammen mit der *Seelandschaft* bietet er die im gleichen Zeitraum entstandenen *Berechnungen I* an. Im Mittelpunkt dieser theoretischen Schrift steht das Problem, wie Prosaformen entwickelt werden können, die den *immer wieder vorkommenden verschiedenen Bewußtseinsvorgängen oder Erlebnisweisen*[227] Rechnung tragen. Schmidt spricht hier im naturwissenschaftlich-positivistischen Ton von seinen *Versuchen einer konformen Abbildung von Gehirnvorgängen durch besondere Anordnung von Prosaelementen*[228] und unterscheidet vier Formen. *Fotoalbum, Musivisches Dasein, Längeres Gedankenspiel* und *Traum.* Die beiden ersten Prosaformen sind der Diskontinuität des Erlebens nachgebildet und reagieren auf die Erkenntnis, daß es, so Schmidt, keinen *epischen Fluß* [229] der Ereignisse, kein Kontinuum gibt, alle fortlaufenden Handlungen sind eine bloße Fiktion. Für Schmidt heißt das, eine Prosa zu kreieren, die sich der *porösen Struktur* (...) *unserer Gegenwartsempfindung*[230] anpaßt, die sich gewissermaßen in Satz- und Schriftbild auflöst. Und Schmidt wird das Projekt einer Destruktion bis hinein in die Sprachbehandlung ausdehnen.

Die beiden anderen Modelle von Prosaformen, also *Längeres Gedankenspiel* und *Traum*, sind dadurch bestimmt, daß sie zugleich auf einer realen und fiktiven Erlebnisebene angesiedelt sind. Während aber der Traum ‹erlitten› wird, ist das Gedankenspiel ein bewußter, aktiv-auswählender Vorgang. Das Gedankenspiel ist bei Schmidt eine Art kompensatorischer Handlung, die immer dann zum Zug kommt, wo es um die Gestaltung eines Doppellebens, um die Flucht aus dem Alltag geht.

Schmidt sieht seine Literatur bis einschließlich *Kaff* als eine praktische Umsetzung seiner Prosatheorie, er spricht von *Versuchsreihen.* In Wahrheit aber sind die *Berechnungen* nicht so widerspruchslos, wie der mathematische Titel verheißt, sie treten an vielen Punkten in Konflikt mit Schmidts poetischer Praxis. Gott sei Dank, haben viele gesagt. So schreibt Wolfgang Koeppen: «Arno Schmidt, den ich liebe und bewundere, verkündet manchmal Gesetze, um die er sich als Erzähler zum Glück nicht kümmert.»[231]

Mit der *Seelandschaft* liegen jetzt auch die *Berechnungen* auf Eis. Doch Anfang 1953 kündigt Andersch in einem Brief an Schmidt den Plan einer Zeitschrift an. Ende des Jahres wird dieser Plan konkreter, die Zeitschrift soll «Der Rabe» heißen und den Untertitel «Nachrichten für Städtebewohner» tragen.[232] Und in der ersten Nummer, verspricht Andersch, werden die *Berechnungen* als «Haupt- und Prunkstück»[233] stehen. Ein gutes Jahr später, im Januar 1955, macht Andersch sein Versprechen wahr; die Zeitschrift trägt jetzt einen anderen Titel, sie heißt «Texte und Zeichen» und enthält neben den *Berechnungen* noch ein anderes Prunkstück aus der Schmidtschen Produktion: *Seelandschaft mit Pocahontas.*

Bis zu diesem Zeitpunkt hatte sich die Existenzkrise Schmidts bedrohlich zugespitzt. Gleich nach der *Seelandschaft* fängt er die Erzählung *Kosmas, oder Vom Berge des Nordens* an, eine seiner Weltbild-Thematisierungen; angesiedelt in der byzantinischen Vergangenheit, markiert die Erzählung den historischen Schnittpunkt zwischen aufkommendem Christentum und absinkendem Heidentum. Doch die Arbeit am *Kosmas* ist in der materiellen Situation, in der Schmidt steckt, eine Verlegenheitslösung, *falls das Glück mir eine Übersetzung bescheren sollte,* schreibt Schmidt an Andersch, *schalte ich die natürlich ganz kalt ein, und lasse Kosmas Kosmas sein*[234]. Ein Übersetzungsauftrag bleibt jedoch aus, und das fertige Manuskript wird diesmal auf Grund der prekären Finanznöte der Frankfurter Verlagsanstalt zurückgewiesen. Versuche Schmidts, die Manu-

Umschlagentwurf von Arno Schmidt zu *Kosmas, oder Vom Berge des Nordens*

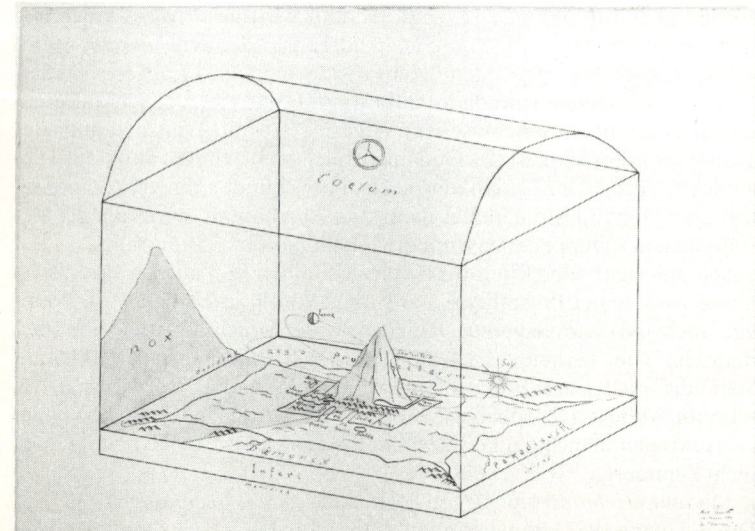

skripte von *Seelandschaft, Berechnungen* und *Kosmas* woanders unterzubringen, scheitern vorerst.

Das Rezept, mit solchen Enttäuschungen fertig zu werden, hat Schmidt in der Dankesrede zum Goethe-Preis auf die Formel gebracht: ***ich weiß, als einzige Panacee, gegen Alles, immer nur ‹Die Arbeit› zu nennen.***[235] Also nimmt er das nächste Romanprojekt in Angriff, es hängt mit seinen Fouqué-Studien zusammen. Schmidt, immer an biographischen Bezügen, an *Leben und Geheimnis*[236] interessiert, entdeckt einen Mann namens Jansen, einen Statistiker und Verfasser von Staatshandbüchern aus dem ehemaligen Königreich Hannover, der zwar im Brockhaus von 1830 unter dem Stichwort ‹Hannover› erwähnt wird, dessen Biographie aber ansonsten noch nicht recht bekannt ist und kaum gewürdigt wurde. Wohlgemerkt, es soll ein Roman und keine historische Biographie, wie er sie gerade über Fouqué schreibt, werden. Als Schauplatz hat er Ahlden ausgewählt, das hängt mit einem anderen historischen Komplex zusammen, auf den Schmidt ebenfalls während seiner Fouqué-Studien aufmerksam wurde, die Geschichte der Prinzessin von Ahlden. Anfang 1954 entschließt sich Schmidt, Ort und Umgebung im Sommer des Jahres in Augenschein zu nehmen.

Alice Schmidt setzt dann Anfang Juli 1954 gegenüber ihrem Mann durch, daß man bei dieser Gelegenheit gleich eine Reise nach Ost-Berlin unternimmt, wo sowohl ihre Mutter als auch Schwester und Schwager wohnen. Arno Schmidt, anfangs gar nicht begeistert, willigt schließlich ein, weil er die Möglichkeit sieht, für seine Fouqué-Studien in der Ost-Berliner Staatsbibliothek zu recherchieren. Am 25. Juli 1954 geht es los, erst nach Hannover in das Staatsarchiv, um Material zum Thema der Prinzessin von Ahlden zu suchen, und am 26. Juli mit dem Schienenbus nach Ahlden. Dort bleibt man drei Tage, macht Fotos, notiert sich Namen vom Kriegerdenkmal («Über diese Namensquelle», so Alice Schmidt in ihrem Tagebuch, «geriet Arno in Entzücken.»[237]), geht die für den Roman relevanten topographischen Positionen durch und trägt sie in die mitgebrachte Katasterkarte ein. Von Ahlden geht es dann mit dem Bus nach West-Berlin und mit der S-Bahn in den Ostteil der Stadt nach Adlershof. Arno Schmidt zieht sich in die Staatsbibliothek zurück und ist nur nach seinen ‹Dienststunden› für die Verwandtschaft zu sprechen. Am 4. August fahren die Schmidts noch einmal nach Ahlden, und erst jetzt kommt Arno Schmidt die Idee, die Berlin-Reise in den Roman mit einzubeziehen. Ausgelöst wird diese Veränderung des Romanprojekts durch eine Bemerkung des Gastwirts, bei dem die Schmidts wohnen, der nämlich erzählt, daß ein Molkerei-Lastwagen von Rethem über Ahlden nach Berlin fährt und manchmal Reisende mitnimmt.

Im Roman wird der Held Walter Eggers mit einem solchen Lastwagen nach Ost-Berlin fahren. Das *Steinerne Herz* wird damit zu einem der ganz wenigen Romane in den fünfziger Jahren, die sowohl im Ost- als auch im

Lokaltermin in Ahlden, Juli 1954, zum Roman *Das steinerne Herz*.
Foto: Arno Schmidt

Westteil spielen. Zusätzliche Brisanz erhält der Roman dadurch, daß der Protagonist Eggers dem anderen deutschen Staat mit Wohlwollen und Sympathie gegenübertritt. Eggers kritisiert zwar die politischen Verhältnisse in beiden deutschen Staaten, die Verbindung von Christentum und Politik im Westen genauso wie die Utopie kommunistischer Heilsvorstellungen im Osten, ja, er zieht gegen die ‹heiligen› Werte und Institutionen wie Ehe, Familie und Staat zu Felde, aber es scheint ihm in der DDR doch vieles ‹besser› und ‹vernünftiger› geregelt zu sein. Insgesamt gesehen sind es jedoch weniger politisch durchreflektierte Gründe, die ihn solche Positionen beziehen lassen, als vielmehr sein prinzipieller Oppositionsgeist gegen den herrschenden westlichen Konsens.

Schmidt selbst war der Osten so unlieb wie der Westen, man müsse sich als Schriftsteller, sagt er in einem anderen Zusammenhang, dort aufhalten, wo die *geringste Zahl von Denk= und Schreib=Hemmungen droht* [238].

74

Genau aus diesem Kalkül heraus entstehen in den fünfziger Jahren Schmidts Auswanderungspläne in die Schweiz (!), nach Kanada und Irland. Froh war er allerdings über die Existenz zweier deutscher Staaten, denn, so Schmidt, *das Dasein zweier radikal verschiedener deutscher Staaten – verhindert die Machthaber auf beiden Seiten daran, letzte, infamste Methoden gegen die opponierenden unter ihren Staatsbürgern anzuwenden*[239].

Romanprojekte – und damit zurück zum *Steinernen Herzen* – haben ihre eigene Dynamik, das gilt auch für den, der, wie Schmidt, sein Präzisionsideal zur Vermessung literarischer Werke aus der Mathematik ableitet. Zu Hause in Kastel werden alle Informationen geordnet; auf etwa 180 Zetteln[240] schreibt Schmidt – anders als bei der *Seelandschaft* – zusammenhängende Textpartikel, die er anschließend auf das Manuskriptpapier klebt. Zwischen dem 16. und 29. November 1954 entsteht das erste Kapitel. Der Romantitel lautet in dieser Phase: *Gesicht aus Kartoffelschalen*, später dann *Der Sammler*, und ab März 1955 benutzt Schmidt den Arbeitstitel *Das steinerne Herz*. Den ersten Teil bietet Schmidt unter dem Titel *Der Sammler* Max Bense und Alfred Andersch zur Publikation an, mit dem Honorar möchte er die anderen beiden Teile finanzieren. Als die Sache scheitert, schreibt Schmidt zwischen März und April 1955, kurzentschlossen, die beiden anderen Teile: Am 9. April um 15[09] Uhr ist das *Steinerne Herz* fertig.[241]

Die sich verzögernden und hinziehenden Produktionszeiten erklären sich im wesentlichen aus Schmidts Brotarbeiten, die er zu dieser Zeit rigoros und systematisch in Angriff nahm. Ernst Kreuder hatte Schmidt empfohlen, kleinere Artikel und Geschichten für das Feuilleton zu schreiben. Schmidt solle, so Kreuders Rat[242], möglichst viele Kurzgeschichten fabrizieren und sie dann laufend irgendwelchen Zeitungen zuschicken. So entstehen vor allem zwischen Frühjahr 1955 und Herbst 1959 – neben Artikeln, die aus reinen Verwertungsgesichtspunkten geschrieben sind – auch viele Kurzgeschichten, die später unter dem Titel *Stürenburg-Geschichten* und *Aus der Inselstraße* erscheinen.

Die *Stürenburg-Geschichten* beziehen sich auf das in den *Berechnungen I* formulierte Modell *Erzähler im lauschenden Hörerkreis*[243]. Aura und Ton des Erzählens sind dem frühen 19. Jahrhundert entlehnt, aus dieser Zeit stammen auch einige Vorlagen zu den Geschichten, die Schmidt – manchmal sogar wörtlich – aus den Werken anderer Dichter nimmt. Trotzdem – diese Stücke insgesamt unter der leicht anrüchigen Rubrik reiner Brotarbeiten abzulegen, wäre verfehlt. Denn insbesondere in den Erzählungen aus der *Inselstraße* ist der ‹andere› Schmidt zu entdecken, der sanfte, romantisierende und melancholisch-verspielte, der aus ganz alltäglichen Wahrnehmungen Geschichten macht: *Zählergesang* heißt zum Beispiel eine, eine andere: *Was soll ich tun?* Diese Geschichte,

Der Tag der Kaktusblüte. Innerhalb einer Woche war der Auswuchs mehr als fingerlang und =dick geworden, vorn verheißungsvoll geschwollen, die weichen schlammgrünen Schuppen dehnten sich prächtig schwanger –: und heute früh hatte sich die Blüte aufgetan, ein Grammophontrichter älteren Stils, und natürlich violett.
Foto: Alice Schmidt, 11. September 1955

die vom Lesen handelt, fängt so an: *Lesen ist schrecklich! Wenn ich vom Helden höre, daß er sich zum Denken anschickt: ‹... er runzelte die Stirn, und preßte streng die Lippen aufeinander ...› – schon fühle ich, wie sich mein Gesicht, vorn, zu der gleichen pensiven Grimasse verformt! Oder: ‹... ein hochmütiges Lächeln spielte um seinen rechten Mundwinkel ...› – mein Gott, muß ich dabei albern aussehen; denn ich kann nun einmal nicht unsagbar hochmütig lächeln, und schon gar nicht mit dem rechten Mundwinkel für sich; das ist auch so eine Gabe, die mir das Schicksal versagt hat.*[244]

Schmidt hat sich mit vielen dieser Kurzgeschichten über Wasser gehalten. Am 4. September 1955 schreibt er an Ernst Kreuder: *Der Zeitungsversand, den Sie mich gelehrt haben – und den ich ohne Ihre Beratung nie in diesem Maasstabe durchzuführen gewagt hätte! – floriert – d. h. ich löse jeden Monat zu meiner immer neuen, freudigsten Überraschung mindestens 50–100 DM daraus!* [245] So brachte es Schmidt im Jahre 1955 auf immerhin 32 veröffentlichte Zeitungsartikel, ein Jahr darauf stieg die Zahl noch einmal auf 43 an, erst zu Beginn der sechziger Jahre nimmt die Zahl der Zeitungsartikel ab und schrumpft Mitte der sechziger Jahre ins nahezu Bedeutungslose. [246] Ein deutliches Zeichen dafür, daß es Schmidt nun materiell besser ging und er immer mehr von seiner ‹eigentlichen› Arbeit leben konnte.

Man kann das Jahr 1955 als den Wendepunkt in der existentiellen Situation Schmidts ansehen. Gleichzeitig ist es jedoch auch das Jahr der äußersten existentiellen Gefährdung; beides fällt bemerkenswerterweise zusammen. Die Gefährdung geht von einer am 6. April 1955 beim Landgericht Berlin erstatteten Anzeige wegen Verstoß gegen § 166 StGB (Gotteslästerung) und § 184 StGB (Verbreitung unzüchtiger Schriften) aus. Korpus delikti ist die *Seelandschaft mit Pocahontas,* betroffen sind Eduard Reifferscheid als Verleger, Alfred Andersch als Herausgeber und Arno Schmidt als Autor. Schon kurz nach der Veröffentlichung der Erzählung schreibt Andersch in einem Brief an Schmidt: «Einige christliche Buchhändler im Rheinland sind über die POCAHONTAS aus dem Häuschen geraten.» [247] Schmidt antwortet im selbstbewußt-stolzen Ton: *Daß Christen und Nazis, also Thron & Altar, auf die ‹Seelandschaft› schimpfen, habe ich nicht anders erwartet: da müßte ich auch merkwürdiges Zeug geschrieben haben, um aus* der *Ecke Applaus zu erhalten!* [248] Was zunächst wie eine der damals üblichen Attacken christlich-konservativer Kreise und eines Teils der Öffentlichkeit aussah, Attacken, wie sie auch gegen Heinrich Bölls «Brief an einen jungen Katholiken» und später gegen Günter Grass' «Blechtrommel» geführt wurden, wuchs sich dann mit der Anzeige und der am 3. März 1956 erhobenen Anklage zu einer Affäre aus, die Schmidt nachhaltig verunsichert hat. Bereits der Andersch-Brief vom Februar 1955 war für Schmidt ein deutliches Warnzeichen, jetzt so schnell wie möglich *der hochkatholischen trierer Gegend* [249] den Rücken zu kehren. Vermutlich war bereits im Februar, anläßlich eines Besuchs von Ernst Kreuder in Kastel, von einem Umzug die Rede. Kreuder hat Schmidt in den dann kommenden Monaten immer stärker zu einem Umzug nach Hessen gedrängt und gehörte auch zu den tätigen Helfern, als es am 24. September 1955 endlich soweit war.

Die Zeit seit Anfang 1955 hatte Schmidt wie ein Kesseltreiben empfunden, *ungreifbare Flüsterpropaganda* [250] sah er auf sich zukommen, der Küster im Dorf machte Andeutungen, und als Schmidt am 22. August 1955 zur Vernehmung vor das Amtsgericht nach Saarburg vorgeladen wurde, kam es zu Nachfragen, was er *denn beim Amtsgericht zu schaffen gehabt hätte*[251].

Wie bedrohlich für Schmidt diese Anzeige war, wird erst vor dem Hintergrund der Gesamtsituation deutlich: Schmidt hatte keinen festen Verlag, seine letzte Buchveröffentlichung lag fast zwei Jahre zurück, und auch das neue Manuskript vom *Steinernen Herzen* stieß – und das paßte für Schmidt natürlich ins Bild – auf Ablehnung. Der Agis Verlag schrieb Schmidt am 15. August 1955, der Roman biete «zu wenig neues»[252]. Um wenigstens seine finanzielle Lage etwas zu verbessern, verkauft er am 8. Juni 1955 seine Fouqué-Handschriften und -Materialien an das Deutsche Literaturarchiv in Marbach am Neckar. Hilfe kam auch von außen, so von Wilhelm Michels, der, zusammen mit seiner Frau, die Schmidts am 1. Juni in Kastel besuchte und nun regelmäßig Lebensmittelpakete schickt und in einigen Fällen kurzfristig mit Geld aushilft. Nachdem insbesondere Arno Schmidt anfänglich zögerte, diese Unterstützung anzunehmen, wird Michels schließlich als Freund und – so die kokette Formulierung Alice Schmidts – als «Mä 5»[253] akzeptiert.

Das Rettende aber, das ja bekanntlich in der Gefahr nachwachsen soll, deutet sich in einem anderen Ereignis an: Am 7. Mai 1955 schreibt Andersch aus Hamburg an Schmidt: «[…]ich übersiedle in der nächsten Woche nach Stuttgart, wo ich eine für mich recht interessante redaktionelle Arbeit am dortigen Sender übernehme.»[254] Dabei handelte es sich um den Posten eines freiberuflichen Leiters der Redaktion ‹Radio-Essay› beim Süddeutschen Rundfunk.

Anfang Juni fängt Andersch in Stuttgart an, und gleich in den ersten Tagen ist Arno Schmidt beim Sender zu Gast. Andersch muß wohl – angesichts der Schwierigkeiten, für Schmidt einen Verlag zu finden – sehr auf ihn eingeredet haben, es einmal mit literarhistorischen Essays für das Nachtprogramm zu versuchen. Eine erste Arbeit über Cooper (‹*Siebzehn sind zuviel!*›) wird von Andersch am 19. Juli abgelehnt: «als Radiomanuskript durchaus geglückt, aber […] für das Nachtprogramm nicht verwendbar»[255]. Schmidt legt – unverdrossen – zehn Tage später einen neuen Radio-Essay vor, diesmal über Barthold Heinrich Brockes (‹*Nichts ist mir zu klein*›). Damit trifft er die richtige Tonlage. «Es ist», schreibt Andersch, «ausgezeichnet und genau das, was man für das Nachtprogramm braucht.»[256] Schmidt erhält ein Gesamthonorar von 900 DM, das in zwei Raten von jeweils 450 DM gezahlt wird.

Dies ist der Startschuß für eine ganze Reihe von radiophonen Literaturessays, die Schmidt in der folgenden Zeit schreiben wird. Darunter sind so wichtige Arbeiten wie die über Karl Mays Spätwerk, über Wieland als Meister der Prosaformen und über Karl Philipp Moritz, den Prototyp der Schmidtschen *Schreckensmänner* (arm geboren, unter unglücklichsten Familienverhältnissen aufgewachsen, übervoll mit brennend scharfem Geist). Es sind zumeist Autoren zweiten Ranges, die Unterschätzten und Zukurzgekommenen, die Schmidt ins Rampenlicht stellt und die er gegen die Urteile der offiziellen Literaturgeschichtsschreibung zu rächen versucht.

Nicht nur in Sachen Nachtprogramme, auch bei der Bindung Schmidts an einen festen Verlag ist Andersch in dieser Zeit als Vermittler tätig und schließlich erfolgreich. Am 21. Juli nimmt Andersch Kontakt mit dem damaligen Mitinhaber des Stahlberg Verlags Ernst Krawehl auf. Andersch zitiert in einem Brief an Krawehl – taktisch geschickt – einen Absatz aus einem an ihn gerichteten Brief Schmidts, in dem dieser erklärt, daß das *Steinerne Herz nie erscheinen*[257] werde; und Andersch weiß auch im weiteren die Neugier und den Wagemut des Verlegers anzusprechen: *Das steinerne Herz*, so Andersch, «ist in politischer und erotischer Hinsicht das gewagteste, was ich von Arno Schmidt kenne. Und selbst ich, der ich einiges zu riskieren bereit bin (wie ich es z. B. mit der Veröffentlichung der *Pocahontas* in Heft I von ‹Texte und Zeichen› getan habe), möchte sagen, daß die Erzählung nicht ohne weiteres im üblichen Verlagsverfahren herausgebracht werden kann.»[258]

Andersch wollte damit nicht abschrecken; im Gegenteil, er wollte Schmidt als eine verlegerische Herausforderung interessant machen und er spielte dabei indirekt auf Ernst Rowohlt an, von dem selbst der gegenüber Verlegern kritisch eingestellte Schmidt sagte: *eines hatte er eben doch: den ‹dash›, den Mut zu folgenreichen Kurzentschlüssen*[259].

Wer auch immer Schmidts Werke in den fünfziger Jahren verlegen wollte, der durfte nicht mit Gewinn und guten Geschäften rechnen, der – und das wußte Andersch – mußte anders ‹geködert› werden, zum Beispiel damit, daß er sich bei diesem Unternehmen einen Namen machen konnte. Womit Andersch vorher bei vielen Versuchen gescheitert war, hier funktionierte es: Ernst Krawehl nimmt unmittelbar danach mit Schmidt Kontakt auf und meldet sich für den 22. August 1955 zu einem zweitägigen Besuch in Kastel an. Zufällig genau der Tag, an dem Schmidt vor das Amtsgericht in Saarburg vorgeladen war, um seine *Seelandschaft* zu verteidigen. Das erklärt vielleicht ein bißchen die gereizte Atmosphäre, von der Krawehl zu berichten weiß.[260] Hätte Alice Schmidt an diesem Tag nicht kühlen Kopf bewahrt und auf ihren in der Pose des unnahbaren Genies auftretenden Gatten, der wie eine Primadonna vom Verleger bekniet werden wollte, mäßigend eingewirkt, der Vertrag mit Stahlberg wäre nie zustande gekommen. Zuckerbrot und Peitsche, das war Schmidts Devise gegenüber Krawehl, sich nichts vergeben und sich nicht verpflichten, eine Haltung kalkulierter Anstößigkeit, die am äußersten Punkt umschlägt in Jovialität. Das Verhältnis bleibt so, wie es Schmidt am zweiten Tag mit einem Spaziergang, der an grotesker Symbolik nichts zu wünschen übrig läßt, definiert, als er Krawehl an die Klippen führt, die zur Saar hin steil abfallen. Immer am Abgrund verläuft auch die Beziehung zwischen Autor und Verleger, und wer hier wen im Zweifelsfall

Arno Schmidt auf einem Felsvorsprung oberhalb der Saar in der Nähe von Kastel, um 1954. Foto: Alice Schmidt

stürzt, sollte nun klar sein. Krawehl spielt dieses Spiel fast 25 Jahre mit, als Subjekt und Objekt, zuletzt menschlich enttäuscht, aber immer noch – und zu Recht – mit der Befriedigung, einem Genie die Steigbügel gehalten zu haben.

In Kastel kommt es schließlich zu einem – wenn auch etwas zwielichtigen – Verhandlungsergebnis: Krawehl gibt bezüglich des *Steinernen Herzens* keine feste Zusage, setzt Schmidt aber ab September eine zunächst auf zehn Monate befristete Zahlung von 150 DM aus, die er als Vorschuß auf das *Steinerne Herz* anrechnet, die aber Schmidt, wenn kein Vertragsabschluß zustande kommen sollte, nicht zurückzahlen muß.

Unterdessen spitzt sich die Wohn- und Lebenssituation Schmidts in Kastel zu. Am 2. September erhält er von Professor Max Bense das Angebot einer Dozentenstelle an der Hochschule für Gestaltung in Ulm. Für das Vorstellungsgespräch beim Rektor der Hochschule, Max Bill, schreibt Schmidt, zwischen dem 11. und 16. September, die *Berechnungen II*. Mit Bill und Schmidt begegnen sich zwei autokratische Charaktere, die, wenn sie aufeinandertreffen, Funken sprühen. Max Bense und Elisabeth Walther, die Schmidt von Stuttgart aus nach Ulm begleiten, berichten von einem – milde gesagt – gespannten Gesprächsklima.[261] Die Sache zerschlägt sich; obwohl Schmidt lange überlegt und abwägt, denn mit der Stelle in Ulm hätte er auf einen Schlag seine Wohn- und Lebensverhältnisse verändern können. Verzweifelt schreibt er in diesen Tagen an Max Bense: *ohne wenigstens die Andeutung einer eigenen ‹Insel› vermag ich nicht mehr zu arbeiten* [262].

Ernst Kreuder und dem Maler Eberhard Schlotter, damals Vorsitzender der «Neuen Darmstädter Sezession», ist es zu danken, daß Schmidt in der Inselstraße in Darmstadt seine – freilich städtisch umwogte – ‹Insel› fand.

Eberhard Schlotter, der einen Lastwagen mietete und selbst mit seinem Borgward nach Kastel fuhr, erinnert sich an den Umzug: «Der Lastwagen war voll mit vielen einfachen Möbeln, Bücherkisten und Hausrat. Ich fuhr mit Schmidts, Katze Purzel und dem Spiegel hinterher, und wir trafen uns am späten Abend, nachdem wir Frau Lili erst zu uns gebracht hatten, vor dem Gebäude der Wiederaufbau GmbH, Ecke Holzhofallee, mit Ernst Kreuder, der ironisch stänkerte (‹so holt man sich die Konkurrenz auf den Hals›); dafür bürdete ich ihm beim Ausladen auch ein paar schwere Brocken auf. Der kleine Raum, in dem die ganzen Sachen untergebracht wurden, reichte nicht einmal zum Aufstellen der Betten. Arno Schmidt wollte mit Gewalt bei seinen Sachen bleiben. Der Raum war voll. Dann fuhren wir zu uns nach Trautheim, und Schmidt schlief in meinem Atelier. Am anderen Morgen stand er stocksteif bei uns im Wohnzimmer und antwortete auf die Frage meiner Frau, ob er gut geschlafen habe, ‹gut geschlafen bei soviel Bildern, die einen verfolgen!› Schon am nächsten Tag zogen Arno, Lili und Purzel + die Schreibmaschine in die Gaststätte ‹Felsenkeller› im Mühltal, eine Kneipe, in der Ernst Kreuder sein Bier trank. Einige Tage blieben sie dort, bis ich – der Zufall half mit – die Wohnung in der Inselstraße für 85 DM (recte 95 DM) fand und ungefragt für Schmidts mietete.»[263]

Zwischen *Inselstraße* und *Kaff*

Um es gleich vorwegzunehmen, gefallen hat es Schmidt in Darmstadt nicht. Obwohl diese drei Jahre schriftstellerisch durchaus produktiv verliefen: In dieser Zeit entstand jener Zyklus mit Kurzgeschichten, der später unter dem Titel *Aus der Inselstraße* veröffentlicht wird, ein beträchtlicher Teil von Radio-Essays wird produziert, der *Fouqué* erblickte hier endlich unter starken Geburtswehen das Licht der Welt, mit der *Gelehrtenrepublik* entsteht, wie Günther Flemming bemerkt, geradezu ein «darmstädter Schlüsselroman»[264], und ganz zu Anfang schreibt Schmidt in übermütiger Erzähllaune die beiden Geschichten *Tina oder über die Unsterblichkeit* und *Goethe und Einer seiner Bewunderer*; Stücke, die Schmidt, wie er betont, nur zu seiner *eigenen Belustigung verfasse; als Satyrsprünge leerer Stunden* (…). *(Tiefsinniger formuliert: es ist meine Art der Selbst=Schutzimpfung, wenn ich zwischen Asfaltfloren und =faunen leben muß! ‹Auf dem Lande› würde ich dergleichen nie schreiben!)*[265] Schaut man sich die Erzählungen an, dann kann man es als Leser nur bedauern, daß es Schmidt nicht länger in der Stadt ausgehalten hat. Es sind beides Stücke, in denen sich Schmidt in Wortwitz und Einfallsreichtum ganz losläßt, und so wirken Fabel und Erzählweise vollkommen unangestrengt, vielleicht deshalb, weil er es in beiden Fällen nicht darauf anlegte, Meisterwerke zu schreiben.

Schmidt also hat Darmstadt nicht gemocht, umgekehrt stimmt das nicht. In Darmstadt hat man sich mehr als irgendwo sonst in geradezu fürsorglicher Weise um Schmidt gekümmert. Man übernahm nicht nur die Kosten des Umzugs, überdies gewährte man Schmidt zur Finanzierung der Wohnung ein Darlehen von 2500 DM, und der Oberbürgermeister wandte sich schließlich persönlich an den Neubürger, nannte ihn einen ‹produktiven Kopf› und ließ durch seinen Kultur-Referenten ein Geldgeschenk überbringen. Schmidt aber fühlte sich durch diese Gesten weniger geschmeichelt als bedrängt; viele seiner Umzugskisten packte er erst gar nicht aus, und schon bald sprach er von Darmstadt als *Neu-Weimar*[266].

Was Schmidt darunter verstand, hat er im Radio-Essay über Johann Gottfried von Herder (*Herder oder vom Primzahl=Menschen*), das am Ende der Darmstädter Jahre entstand, niedergelegt. Wenn er darin über Herders Wesen und die Weimarer Zustände schreibt, dann hat Schmidt immer auch die eigene Situation, die Darmstädter Zustände, vor Augen. Solche Parallelisierungen im Schicksal haben Schmidt magisch angezogen, vielleicht darum, weil er sich so über die Singularität seines eigenen Lebens- und Weltgefühls hinweghelfen konnte. Und wo ein Interesse vorhanden ist, sind die Beziehungen, wenn Ausgangslage und Rahmen ineinander passen, schnell hergestellt: In Bückeburg findet Herder seine Lebensverhältnisse genauso unerträglich wie Schmidt die seinen in Ka-

Arno Schmidts Wohnung in Darmstadt, Inselstraße 42, 1. Stock.
Foto: Arno Schmidt

stel, und in beiden Fällen kommt Hilfe von außen, geht der Umzug auf die Initiative von Kollegen zurück, bei Herder sind es Goethe und Wieland und bei Schmidt Schlotter und Kreuder. Am neuen Ort aber bleibt es trotz des Wohlwollens der Obrigkeit, in dem einen Fall der Herzog-Familie, im andern des Magistrats, bei einer ziemlich kargen Existenz. Doch die inneren Parallelen sind noch weitaus gewichtiger, beide nämlich sehen sich mit ihrem Umzug in eine Art Künstlerreservat versetzt, in dem sie dauernd auf ihresgleichen treffen, eine Situation, die zumindest bei Schmidt Widerstände und ein idiosynkratisches Abwehrverhalten hervorruft: *Jegliche Berührung mit Anderen,* schreibt Schmidt in einem Brief, *setzt erfahrungsgemäß meine Leistung herab und stört mich auf Tage hinaus – mein letzter Versuch in dieser Beziehung, meine ‹3 Jahre Darmstadt›, haben mich endgültig darüber belehrt.*[267]

Als ‹Grundregel› für das äußere Dasein empfiehlt Schmidt deshalb allen lebenden Literaten: *die Dauergesellschaft von Kollegen zu fliehen, wie die Pest!*[268] In der *Gelehrtenrepublik*, die zwischen Juli und August 1957 entstand, nimmt Schmidt die Künstlerreservate aufs Korn, die Dichter und Schriftsteller bringen nämlich, wo sie in sozialen Gruppen arbeiten sollen, nichts zustande: *‹Sie verlottern meist total! Und sind am Ende ihrer ersten 2 Probejahre restlos fertig – nur mit einem Buch freilich nicht! – Haben nichts gearbeitet; nur genial gefaulenzt ...›*[269]

In Darmstadt, so schreibt Schmidt schon nach kurzer Zeit, *herrscht die widerlichste Cliquenwirtschaft*[270]. In Anbetracht solcher Urteile ist man um so erstaunter, daß sich gerade hier freundschaftliche Beziehungen ergeben, die für Schmidts weiteren Lebensweg von Bedeutung sein werden, so zum Beispiel 1958 die persönliche Bekanntschaft mit Hans Wollschläger oder die mit Peter Rühmkorf, der damals den Hamburger «Studenten-Kurier» herausgab und Schmidt um Mitarbeit bat. Nicht zuletzt aber ist es die Beziehung zu dem Maler Eberhard Schlotter, die in die Darmstädter Jahre fällt. Schlotter ist Schmidt nicht nur in vielen praktischen Dingen behilflich, die beiden treten auch künstlerisch in Verbindung. Zu vielen Erzählungen gibt es Radierungen von Schlotter, und von seiner Hand sind auch über zwanzig Arno Schmidt-Porträts. Schmidt seinerseits betätigt sich als «ghostwriter»[271] und verfaßt Gegendarstellungen oder Redetexte für Schlotter als Ersten Vorsitzenden der «Neuen Darmstädter Sezession». Wesentlicher noch war sein Beitrag zu Schlotters Triptychon «Das zweite Programm», zu dem Schmidt die Texte schrieb.

Eine tiefere Dimension erreichen aber alle diese Beziehungen nicht. Vielleicht schwankt Schmidt manchmal, letztendlich ist ihm jedoch die Zeit zu schade, seine schriftstellerischen Pläne sind ihm wichtiger und entwerten alles, was damit nicht im Zusammenhang steht. *8 Pläne noch habe ich zu erledigen,* schreibt er am 2. September 1955 in einem Brief an Werner Steinberg, und es folgt die Aufzählung: *I.) Lilienthal, oder die Astronomen (spielt 1801 in L. bei Bremen.: Schröter!), 2.) Der Stützpunkt (360 n. Chr. bei Bowness am Solway), 3.) Die Feuerstellung (1965 in Kastel über Saarburg), 4.) Tandemfahrten (ein Fotoalbum), 5.) Falk=Werke AG (ebbes Autobiographisches) 6.) Eisenbahnabteile (meine Jahre 1928– 33 zwischen Lauban und Görlitz/Schlesien), 7.) Die Polizeischule (ich war 1946 Dolmetscher beim Polizeipräsidenten in Lüneburg), 8.) Die Hermannsschlacht: wozu ja wohl jeder deutsche Dichter verpflichtet ist!: Sie brüllen vor Lachen!!*[272]

Im Nachlaß hat sich nur die *Feuerstellung* gefunden, andere Themen schoben sich in den Vordergrund, an der Liste und den sich aufdrängenden Projekten änderte sich zeitlebens nichts. Im Gegenteil, Schmidt verschärfte das Arbeitstempo, als prinzipiell die Möglichkeit bestanden hätte, sich etwas mehr zurückzulehnen, denn ab 1956 ordnete sich seine

Eberhard Schlotter vor einem von ihm gemalten Arno Schmidt-
Porträt, um 1959

Existenz zunehmend. Zunächst wird am 26. Juli 1956 das Ermittlungsver-
fahren wegen der *Seelandschaft mit Pocahontas,* nach einem positiven
Gutachten des Präsidenten der Deutschen Akademie für Sprache und
Dichtung Hermann Kasack, vom Oberlandesgericht in Stuttgart eingestellt. Und im Oktober des gleichen Jahres erscheint, nach einem regel-
rechten Tauziehen, bei dem zwischen Schmidt und Krawehl Briefe und
Telegramme zuhauf gewechselt wurden, das *Steinerne Herz* in einer pur-
gierten Fassung. In sein Handexemplar schreibt Schmidt: *Das Originalmanuskript hat durch den Verleger eine weitgehende politische Entschär-
fung erfahren, von der einseitig die Bundesrepublik profitiert hat. – Bei
einer späteren Auflage also zu berichtigen; ebenso wie diverse Erotica im
Urtext wieder herzustellen.*[273] Der Urtext erschien erst 1986 innerhalb der
Bargfelder Ausgabe.
  Der Konflikt um das *Steinerne Herz* zeigt, wie nachhaltig die gerichtli-
chen Ermittlungen in Sachen *Pocahontas* auf andere Arbeiten Schmidts
ausstrahlten und auch zukünftige Projekte beeinflußten; der Konflikt ist

darüber hinaus aber auch symptomatisch für den Zeitgeist und die Gesinnungslage der Bundesrepublik in den fünfziger Jahren. Krawehl, das geht aus einer Liste hervor, in der er ‹Stellen› aus dem *Steinernen Herzen* aufführt, die seiner Ansicht nach entschärft werden sollten, antizipiert und repräsentiert diese Gesinnungslage, indem er immer dort für Streichungen plädiert, wo Dinge beim Namen genannt werden: «Heuss & Adenauer», «CDU», «Wiederaufrüstung», «Großindustrie», «Scharfmacher», «die Herrn vom christlichen Gewerbe»[274] usw. In einer gesonderten Liste führt Krawehl erotische ‹Stellen› auf, die ebenfalls geändert werden sollten. Als Krawehl auch ‹Stellen› geändert haben möchte, bei denen der Leser obszöne Vorstellungen haben **könnte**[275], platzt Schmidt allerdings der Kragen: *wenn ich jetzt auch noch Rücksicht darauf nehmen soll, was man sich bei meinen Äußerungen alles* **denken** *kann, dann dürfte ich schließlich überhaupt nichts mehr schreiben.*[276]

Schmidt war längst bei anderen Arbeiten, als er diese Korrekturen und Entschärfungen an seinem Manuskript vornehmen mußte. Mit den Nachtprogrammen, den Übersetzungen und den Kurzgeschichten hat er jetzt die Möglichkeit, seine Existenz abzusichern und Geld zu verdienen. Er produziert in den Jahren zwischen 1956 und 1960 im Eiltempo und immer an der Leistungsgrenze. Frühmorgens steht er auf und arbeitet bis in den Vormittag, zum Frühstück trinkt er gewöhnlich einen Schnaps und größere Mengen Kaffee, in späteren Jahren kommt der Konsum von Schmerz- und Schlaftabletten hinzu. Für gewöhnlich hält Schmidt einen Mittagsschlaf und macht danach einen Spaziergang, ansonsten legt er auf den Nachmittag Nebenarbeiten, und am Abend liest er häufig seiner Frau vor. Schon in dieser Zeit kann er manche Arbeiten nur unter Alkoholeinfluß zu Ende führen. Die Folgen bleiben nicht aus, ab 1955 ist immer wieder von Herzanfällen und Erschöpfungszuständen die Rede. Schmidt hat seinen Zustand keinesfalls verborgen, er hat ihn, insbesondere in den Briefen an Wilhelm Michels, offengelegt. Michels, der Schmidt mit ‹Trömmlein› (Asbach), Nescafé und Cyclopal (Schlaftabletten) versorgt, hin und wieder aber auch Bücherwünsche erfüllt, wird für Schmidt zum Adressaten, wenn es darum geht, Arbeitsfleiß zu dokumentieren und Leistungsrekorde anzumelden.

Schmidt empfindet den Druck der verlorenen Kriegsjahre, die er einholen möchte, und bei aller äußeren Forschheit überkommen ihn in diesen Jahren immer wieder Selbstzweifel: *Ich habe einfach das Gefühl,* schreibt er Michels, *als ‹wisse› ich nicht genügend – ich kann es nur mit dem Gefühl vergleichen, wenn ich, wirklich guten Meistern, am Schachbrett gegenüber saß, und dann b2 – b4 spielte: halb war ich der einzige Fachmann dafür; halb verzweifelte ich am ‹Leben›* .....[277] Hat er vorher geglaubt, die ihm bleibende Zeitperiode würde sich durch einen mit Sicherheit kommenden Krieg verkürzen, so sieht er Ende der fünfziger Jahre, daß sein radikaler Geschichtspessimismus und seine Katastrophenah-

Freilich, wenn man Geld hätte ..... Ich wüßte es jetzt schon richtig anzuwenden: ein winziges Häuschen in der Heide (...); im Ställchen eine Isetta; Eintausend erlesene Bücher. (*Schulausflug*)
Gemälde von RWLE Möller

nung verfrüht waren. In der *Gelehrtenrepublik* schiebt Schmidt die atomare Katastrophe schon ans Ende unseres Jahrhunderts; im Grunde ist
sie kein Thema, sie verblaßt vor dem ästhetischen Amüsement, das, wie
Drews sagt, «den Schrecken weit überflügelt»[278]. Schmidts Unglücks-pro-
phetien hatten sich, wo sie ernsthaft gemeint waren, überlebt, jetzt werden sie zum Anlaß eines ästhetischen Spiels. Es mag Zufall gewesen sein,
daß Schmidt Anfang 1958 mit Josef Bläschke für seinen *Fouqué* einen
Verleger fand, auf der anderen Seite aber steht der *Fouqué* für die Hin-
wendung zur reinen Literatur, für den Abschied von Politik und Geschichte, für den Anachronismus, den Schmidt als Haltung immer ver-

ehrt hat und zu dem er sich in den sechziger Jahren, wo sich gesellschafts-
politisch wirklich etwas tut, bekennt.

Die bewegte Zeit liegt hinter ihm, Schmidt wird sich nicht mehr ändern, für seine Literatur aber werden die nächsten Jahre entscheidend
sein. Er sucht nur noch den Ort für den sich schon anbahnenden Paradig-
menwechsel. Ende 1956 heißt die Insel seiner Sehnsucht Irland, dort
glaubt er sich von politischen und lebensweltlichen Zwängen vollkommen
abkoppeln zu können, um nur noch zu schreiben. In einem Brief an Alfred Andersch begründet er das Projekt: *Ich meine: können wir mehr
verlangen, als ein Land, nicht der Nato angehörig (...), praktisch menschenleer (...), Nebel, Moore, Wiesen, Wind, Haide, nischt wie Ossian und
Joyce, unser Geld verdoppelt sich sofort: wenn der Briefträger mit Prozeß-
vorladung oder Einberufungsbefehl an die Tür klopfen will, kichern wir
nur: The Germany kann me furchtbar leckn!!.....*[279]

Die Idee einer Auswanderung nach Irland stammt von Heinrich Böll.
Schmidt war es damit zunächst durchaus ernst, er sprach mit Ernst Krawehl, der ihm zur Sicherung des Lebensunterhalts ein monatliches Fi-
xum zusagte, wandte sich an die irische Gesandtschaft in Köln und intensivierte den brieflichen und persönlichen Kontakt mit Böll. Über ihn
bekam Schmidt sogar ein Haus vermittelt[280]; Böll beschaffte Informationen (z. B. über die Einreise mit Katzen) und vermittelte Schmidt Eindrücke von Land und Leuten. Die Sache scheitert schließlich, weil die
irische Botschaft einen Nachweis der finanziellen Sicherung für zehn
Jahre fordert. *Also,* schreibt Schmidt an Andersch, *bleibt nur noch die
Haide.*[281]

Eine geplante Reise nach Norddeutschland wird in den ersten Monaten des Jahres 1957 wegen dringender Arbeiten immer wieder verscho-
ben, sie findet erst im Sommer statt. Am 22. und 23. August besuchen die
Schmidts die Eltern Eberhard Schlotters in Bargfeld. Es ist anzunehmen,
daß bei diesem Besuch die Wohnungsfrage ausgiebig diskutiert wurde.
Eine Lösung muß sich aber noch nicht abgezeichnet haben, denn kurze
Zeit später taucht eine ganz andere Möglichkeit auf. Schmidt, der sich
schon lange mit einem Vorhaben beschäftigt, das er *Lilienthal, oder die
Astronomen* nennt und das über den Astronomen Johann Hieronymus
Schroeter handeln und 1801 in Lilienthal bei Bremen spielen soll, schreibt
am 9. Oktober 1957 an Andersch: *Lilienthal: in der Nähe ist eine benei-
denswerte Wohnung frei! Nur Kirche & 2 Häuser (Pfarre & Küsterhaus).
Ich könnte sie evtl. kriegen; unter der Bedingung, daß ich ‹Küsterdienste
versähe›. Eine ideale Lage: auf 5 km ringsum kein anderes Haus; im Nor-
den der Sandrücken von Worpswede; im Süden das ‹Kirchfleet›: Einsamkeit, Sumpfmoorheideflachland! 80 Mark Miete im Monat; allerdings ‹Der
Tod als Freund› (Rethel; Sie wissen: wie er am Strang zieht: ‹Küsterdienste›!: Schmidt als Küster an St. Jürgen!*[282]

Die Sache liest sich wie ein Witz, doch Schmidt zog die Möglichkeit

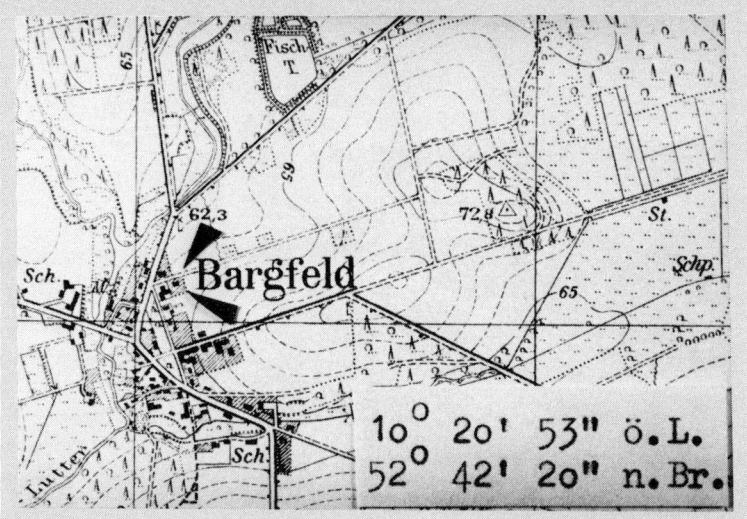

10° 20' 53" ö.L.
52° 42' 20" n.Br.

Postkarte, hergestellt von Arno Schmidt und Wilhelm Michels
anläßlich des Umzugs nach Bargfeld

durchaus in Erwägung. Am 22. Oktober schreibt er an den St. Jürgener
Pastor Hermann Schulz und meldet sein dringendes Interesse an.
Schmidt weist darauf hin, daß er keiner Religion angehört, auf der anderen Seite aber *nichts weniger als etwa ‹militanter Atheist›*[283] wäre. Am
Schluß des Briefs versichert er dem Pastor: *Nach unserer, wenn auch kurzen, persönlichen Bekanntschaft, glaube ich, daß wir – anregende und interessante Reibereien nicht ausgeschlossen – durchaus miteinander auskommen würden.*[284] Pastor Schulz und dem Kirchenvorstand muß das
Angebot aber wohl doch nicht ganz geheuer vorgekommen sein, denn am
7. November schreibt der Pastor dem Bewerber ab, man habe sich bereits
für einen Kirchendiener entschieden und auch die Dienstwohnung vergeben.

Trotz dieser Ablehnung rangiert die Gegend um Lilienthal – schon wegen des Buchvorhabens – bei der Wohnungssuche ganz oben: «Morgen
früh», schreibt Alice Schmidt am 22. März 1958 an die Michels, «fahren
wir nach Bremen: Lilienthal im Winter sehen; und ein altes, zu vermie-
tendes Bauernhaus bei Osterholz=Scharmbeck begutachten, in das wir,
falls es uns gefallen sollte, in der 2. Jahreshälfte einziehen könnten.»[285]

Das entscheidende Signal kommt dann aber Mitte April aus Bargfeld,
denn Heinrich Schlotter hat für die Schmidts ein Haus gefunden. Begei-

Alice Schmidt
in Bargfeld, 1959

stert schreibt Arno Schmidt die Details an Wilhelm Michels: *Fachwerk,
Lehmziegel, mit Brettern verschalt / Baujahr 1948; ausgezeichnet erhalten
/ 1200 qm Land mit Obstbäumen / Lage: Osthaide, 30 km nordöstlich von
Celle (...) / vom Schätzer auf 18.000 veranschlagt.*[286] Im weiteren bittet
Schmidt Wilhelm Michels um ein Darlehen von 5000 DM; unter der An-
nahme, daß er den Kaufpreis noch um 3000 DM drücken könne, will
Schmidt die restlichen 10 000 DM aus Ersparnissen beisteuern. Zum Vertragsabschluß kommt es erst am 13. November 1958, der Kaufpreis beträgt
16 700 DM, und Michels gewährt eine Hypothek von 11 500 DM. Am 26.
November geht es dann nach Bargfeld; zunächst wohnen die Schmidts im
Haus der Familie Schlotter senior, denn in dem 45 Quadratmeter großen
Erdgeschoß des Hauses Nr. 37 sollen noch Bad und Toilette eingebaut
werden. Nach zehn Tagen findet der Einzug statt. Und kurze Zeit später
schwärmt Schmidt von der Einsamkeit und der ländlichen Umgebung,
durch die er sich gestärkt fühlt. Die Briefe aus dieser Zeit zeigen einen
euphorischen, temperamentvollen Schmidt, der längst nicht mehr so ver-
krampft und empfindlich wirkt wie in früheren Jahren, einen Schmidt, der
den Eindruck vermittelt, daß er endlich da angekommen ist, wo er hinge-
hört.

Derartig motiviert legt er 1959 – auch um seine Schulden abzubezahlen

Am hauseigenen
Brunnen in
Bargfeld, 1959

– ein atemberaubendes Arbeitstempo vor. Noch im Dezember 1958 schreibt er ein Nachtprogramm über Heinrich Albert Oppermann (*Hundert Jahre*), im Januar 1959 über Johann Karl Wezels «Belphegor», im Februar über Johannes von Müller, zwischen Mai und Juni entsteht ein Nachtprogramm über Ludwig Tieck (‹*Funfzehn*›), zwischen September und Oktober über Leopold Schefer (*Der Waldbrand*), und im selben Zeitraum fängt er zwei weitere Nachtprogramme an, eines über Charles

Dickens und das andere über die Schwestern Brontë. Dazu kommen zwei Übersetzungen: Evan Hunter, «Recht für Rafael Morrez» und Stanislaus Joyce, «Meines Bruders Hüter». Die Produktion von Kurzgeschichten läuft auf Hochtouren, und ganz nebenbei sammelt Schmidt Material für ein neues Romanprojekt mit dem Arbeitstitel *Die Stadt der Vergnügten.* Am 1. Januar 1960 rapportiert Schmidt an Michels: *der Unterzeichnete hat, in den Tagen (und Nächten; zumal diesen letzteren – durchschnittliche Aufstehzeit 2 bis 3 Uhr morgens!) vom 31. 11. bis 19. 12. 1959 ein neues Buch, im Umfange von rund 400 Normalseiten zu Konzeptpapier gebracht. Der Titel lautet zur Zeit «KAFF; auch MARE CRISIUM» (vielleicht aber auch DIE STADT DER VERGNÜGTEN; ich weiß es noch nicht; mir fällt aber sicher wieder etwas Reißerisches ein – no fear for me!).*[287] Zu den Begleitumständen dieser Produktion berichtet Alice Schmidt: «Der ‹Trömmleinkonsum› war wirklich ins Gigantische gestiegen!! Und so die letzte Woche stand er nur unter schwersten Schnäpsen und ist dann auch fast zusammengebrochen.»[288]

Diese eruptive Arbeitsweise zeigt, daß an dem von Schmidt in die Welt gesetzten Bild vom fleißigen Mosaikarbeiter, der Zettel für Zettel zusammenträgt, bis dann das Gebäude steht, einiges nicht stimmt. Im Grunde war es ein Wunschbild: Schmidt hat sich gern als den ewig feilenden Autor gesehen, der mit jedem Wort und jeder Zeile ringt und der am Ende immer alles präzise berechnet und durchdacht hat. Den kritzelnden und pfuschenden Schnell- und Vielschreibern diktiert er ins Stammbuch: *Man schreibt **langsam Prosa:** ein Románche, binnen 1 Jahr (oder noch flinker) hingeschneuzt, **muß** unzulänglich sein.*[289] In seiner eigenen Produktion hat er sich um solche Prinzipien wenig geschert. Bekanntlich hat Thomas Mann, der jeden Morgen eine Seite schrieb, nicht mehr und nicht weniger, diese Art von Kontinuität und Langsamkeit gepflegt, ja stilisiert, und Schmidt war davon fasziniert. Dies bezeugt noch sein Versuch, die Tage der Niederschrift von *Zettels Traum* mit der Seitenzahl in Einklang zu bringen, und freilich gehört es zum Understatement, den dahinterstehenden Zwang abzuwehren: *Das war nicht meine Absicht, daß es nun genau mit der Seitenzahl übereinstimmt; aber es hat sich so ergeben daß das Pensum etwa jeden Tag I Großblatt gewesen ist.*[290]

Was sein Schreiben angeht, so kann man mit Sicherheit sagen, Schmidt war in viel stärkerem Maße von der Inspiration und seelischen Stimmungen abhängig, als er selbst wahrhaben wollte.

Kaff spielt auf zwei Erzählebenen, die auch drucktechnisch voneinander getrennt sind. In der ersten besucht das Liebespaar Karl Richter und Hertha Theunert eine Tante in der Heide; die zweite ist ein *Längeres Gedankenspiel,* das besagter Karl Richter für seine Hertha erfindet und das vom Leben auf dem amerikanischen und russischen Teil des Mondes nach der atomaren Zerstörung der Erde handelt. Verwoben in dieses Gedankenspiel sind zwei Epen, das Nibelungen-Lied, in einer amerikani-

demnach am besten, sich zu häng'n : » Hertha — ? «. —)
: Nichts. Gar nichts. / (Also wieder ruff ! . . . . . :

in die Badewanne : *in dem göttlich=heißn* Gemisch von
Wassergrün & Seife schtanz — Wei=änd=Dottie, Hu-
rohne, Iro=Keese & Feif Näischns ! — und ich wühlte
mich mit den slater=Schultern in den Schaum : oachchch !
(Es geht eben nischt über Ämmerikänn Plamm=Berry :
Missurritecksaßoheiohundwisskonnßinn : o=ain *großes*
Follk !). / (Und scharf & deekorratief rasieren. — Und
raus, und die frische Unterwäsche an : die *knisterte* förmlich, wenn man sie am Rummf auf & nieder zook ; als
wäre mann elecktrisch, ELECKTRA=ELECKTRONN :
daß ich noch so knistern konnte ! . . . . .
Und nun das › Krafft=Frühschtück ‹ : Bull=Jong ! / Im
dufftenden Fännchen der Ei=Ersatz=Ersatz. (Und mit
der letzten Brotkruste auswischen, innich=kreisförmich.) /
(Unt dem ab=tragenden Whig=Tory=Görrl den — ge-
mäß Raumschiffahrts=Ordnunk § 843, Absatz zwo vorgesehenen — letzten Kuß raubm . . . . .
(Ich raupte. — ? — Unbeweeklich schtand das metalle-
ne, behaarte, Geschöpf nebm mier. — : » Hertha schämsDu
Dich gar nich ? : Wo ich doch vielleicht von'n Russn nich
wiederkomm' ? — «. Aber Die nich.
. . . . . Noch 1 ? ! . . . . . (Ich riskier's !) . . . . .
(Kalt : › Meinsweegn . . . . .

(› Ihretweegn ‹. — Aber das gleichgültich=schlappe Maul
schmeckte — tcha : nach Nichz=Niemant=Nirgnz=Nih
: Nirr=Wahna : › Tao ‹.) / Ich beugte mich lieber über
die seltene 1 Scheibe Corned=Beef, würrzijer by far denn
Frauenlipp'm . . . . .
(: ?. — Aber nur 1 ungerührter Axelzuck.)
. . . . . *und schlürfte den Finger=Hut Koka=Kohla.* Und
gewann so allmählich natzjonahle Würde, und männliche
Selbst=Schtändichkeit wieder. . . . . .
(: › Hertha. — : Noch wäre es Zeit, daß schpäteste Ge-
schlechter Form Farbe & Größe Deiner Brüste, wenn Du
darauf beschtehst in Triolett=form, erführen ; und be-

Seite aus *Kaff auch Mare Crisium*

sierten Fassung, und Herders Cid-Übersetzung in einer russifizierten
Version. Die sich durchziehenden Weltuntergangs- und Überlebensphan-
tasien werden durch literarhistorische Exkurse über Silberschlags «Ar-
che Noah» und Ifflands Posse «Der Komet» angereichert. Im Gegensatz

zu den früheren Texten Schmidts ist in *Kaff* das aufklärerische Pathos verschwunden, es ist einem tiefgreifenden Pessimismus und einer sehr persönlich gefärbten Melancholie gewichen. Mit Karl Richter thematisiert Schmidt zum erstenmal Alters- und Verfallserscheinungen; den Untergang der Menschheit bewältigt er gedankenspielerisch, im Nacken aber sitzt ihm jetzt der eigene Untergang: *fümf Jahre hälz Herz noch, hat Derarzt tackßiert.*[291]

Auch formal vollzieht sich mit *Kaff* ein Übergang: Die phonetische Schreibweise, angereichert mit Dialekt und Jargon, rückt weiter in den Vordergrund und die Wortbildung orientiert sich an der Hervorbringung von Mehrfachbedeutungen, die durch Verformung im Sinne der Freudschen Theorie der sprachlichen Fehlleistung, des Versprechens und Verschreibens, zustande kommt. Neben Freud ist es die Lektüre von James Joyce, die hier an Einfluß gewinnt. Eine erste Berührung Schmidts mit dem «Ulysses» fand 1956/57 statt. Anfang der sechziger Jahre intensivierte sich die Beschäftigung mit Joyce und bezieht sich nun, im Vorfeld von *Zettels Traum,* immer stärker auf das Joycesche Spätwerk «Finnegans Wake».

Schmidts Verhältnis zu Joyce war zwiespältig. Seine Hochachtung gegenüber dem Schriftsteller mischte sich mit starken Ressentiments gegen die Person: Joyce habe nicht regelmäßig gearbeitet, habe getrunken und sei in unverantwortlicher Weise mit dem Geld umgegangen. Dagegen wird Joyces Bruder Stanislaus von Schmidt ausgiebig als der tugendhaftere Charakter geschildert; und in «Finnegans Wake» glaubt Schmidt so etwas wie die verschlüsselte Botschaft eines Bruderkampfs zu vernehmen, den er dann flugs zum eigentlichen Kern des Buchs erhebt. Nur durch eine Reduktion von Komplexität konnte Schmidt sich diesem Buch nähern, das er als eine Bedrohung seiner schriftstellerischen Identität empfand.

Problematisch war Schmidts Verhältnis zu Joyce aber insbesondere auch deshalb, weil er, schon bevor er ihn wahrgenommen und gelesen hatte, von der Kritik als ein Epigone, als ein deutscher Ableger und Nachfolger des großen Iren hingestellt wurde. Als Schmidt dann Ende 1956 den «Ulysses» las, hatte er Joyce schon ein eigenes Werk entgegenzusetzen. Trotzdem wittert er sofort den Konkurrenten und reagiert mit äußerster Distanz: *Nachdem ich 10 Jahre lang ein ‹Nachahmer Joyce'› gescholten worden bin,* schreibt er am 23. Dezember 1956 an Andersch, *habe ich nun endlich einmal, als Krawehl mir die deutsche und englische Ausgabe des ‹Ulysses› mitgebracht hatte, mich an diesen gemacht – ein großer Mann, zugegeben: aber es besteht natürlich <u>nicht die geringste Ähnlichkeit!</u>*[292]

Abrechnung mit einer Jugendliebe

Undankbarkeit gegen Vorgänger ist (...) *1 der Bedingungen alles Fort-schreitens in Wissenschaften & Künsten,* schreibt Schmidt in seinem Jules Verne gewidmeten Essay *Dichter & ihre Gesellen,* und erklärend fügt er hinzu, *die Freimachung der eigenen schöpferischen Individualität scheint selten anders erfolgen zu können, als durch eine Twen-Periode energischer Ablehnung jedweden Urväterhausrats.*[293]

Im Falle von Joyce endet die *Twen-Periode* Schmidts spätestens mit dem Jahre 1960. Hatte Schmidt vorher versucht, Joyce von der eigenen Entwicklung fernzuhalten, so kündigt sich mit dem Nachtprogramm *Das Geheimnis von Finnegans Wake* der Zeitpunkt für eine dezidierte Auseinandersetzung an. Wie Schmidt an Wilhelm Michels schreibt, will er *endlich den ganzen 3 Mal verfluchten JOYCE=Komplex*[294] loswerden. Wer aber nun meint, hier würde mit einer literarischen Vaterfigur abgerechnet, der sieht sich getäuscht. Joyce wird, bei allem persönlichen Ressentiment, das in den Radio-Essays bis zum *Buch Jedermann* (1965) eine Rolle spielt, immer mehr zum produktiven Zentrum einer Auseinandersetzung, in deren Verlauf sich Schmidt zum ‹atemlosen Dauer-Wortspieler› (Jörg Drews) entwickelt und seinem Werk, das Ende der fünfziger Jahre in technisch-ästhetischer Hinsicht zu erstarren drohte, eine neue Richtung gibt. Schmidt mußte in dieser Zeit feststellen, daß die Sprachtechniken in «Ulysses» und «Finnegans Wake» sich in vielfältiger Weise mit seinen eigenen Vorstellungen treffen, ja, daß hier etwas bereits **fertig** vorlag, dem er nicht so einfach ausweichen konnte.

Ganz anders verläuft – ungefähr zur gleichen Zeit – die Auseinandersetzung mit einem Schriftsteller, zu dem Schmidt weniger ein intellektuelles als ein emotionales Verhältnis hatte: **Karl May.** Hans Wollschläger spricht in diesem Zusammenhang zu Recht von einer «Wesens-Bindung»[295], die aber dann spätestens mit der Studie *Sitara und der Weg dorthin* geschieden wird. Am Schluß dieser Studie finden wir Schmidts Bekenntnis, daß er *mit 12–14, auch mal MAY-Fan der üblich-einfältigen Sorte war*[296]. Genau daran kann sich auch seine Schwester noch erinnern: «He loved Karl May. [...] Karl May, when he could lay his hands on Karl May he loved it. He really went in for that.»[297]

Wer nach den Motiven fragt, die hinter der Mitte der fünfziger Jahre erneut einsetzenden Beschäftigung mit May lagen, der muß bei Schmidt in die Frühzeit seiner Entwicklung zurückgehen und May als eine Jugendliebe sehen, die affektiv nach einem ganz ähnlichen Muster ablief, wie es Freud allgemein für den Zustand der Verliebtheit beschreibt: Das Realitätsprinzip wird außer Kraft gesetzt, mit der Folge, daß das Liebesobjekt verkannt, das heißt überschätzt und idealisiert wird und es am Ende, auf der Grundlage dieser Entwicklung, zu einer Identifizierung

mit dem Verkannten kommt. Lange Zeit hat sich bei Schmidt das einge-
schränkte Realitätsprinzip behaupten können, und Karl May wurde – wie
andere literarische Jugendlieben auch – in das reifere Erwachsenenalter
hinübergerettet.

Die Rigorosität und die aggressive Strenge, mit der Schmidt dann May
beurteilt, fällt 1957 auch dem damaligen Mitarbeiter des Karl May Verlags
in Bamberg, Hans Wollschläger, auf. Als am 10. August 1957 in der «Frankfurter Allgemeinen Zeitung» Schmidts Essay *Vom neuen Großmystiker*
veröffentlicht wird, fühlt sich Wollschläger zu einer Reaktion herausgefor-
dert und schickt am 2. September einen eigenen Aufsatz an die Zeitung:
«Noch einmal vom neuen Großmystiker». In einem Begleitbrief schreibt
Wollschläger, daß er die Ansichten Schmidts über Karl May «wegen seiner
vielen mit subjektiver Hitzigkeit entstellend beurteilten Punkte nicht un-
widersprochen»[298] stehen lassen kann. Die Zeitung lehnt eine Veröffentlichung ab, schickt aber den Aufsatz gleich am 3. September weiter an Arno
Schmidt. Daß Schmidt **prinzipiell** nicht auf Zuschriften von Lesern und
Kritikern reagierte, gehört zu den sich hartnäckig haltenden Legenden
vom ‹großen Einsamen›, die sich hier ein weiteres Mal als unhaltbar her-
ausstellt, denn Schmidt schreibt am 5. September postwendend an Hans
Wollschläger und kritisiert seinerseits, daß Wollschläger in seinem Aufsatz
*den autobiografischen Charakter des Silberlöwen zu wenig hervorgehoben
habe und das Primat des persönlichen Erlebnisses*[299] bei May unterschätzen
würde. Wollschläger beantwortet den Brief am 10. September und stellt
klar, daß es sich bei seinem Aufsatz lediglich um den «Versuch einer Ent-
subjektivierung und eines sachlichen Überblicks»[300] gehandelt habe, was
aus dem Begleitbrief an die Zeitung auch hervorgehen würde, den er
Schmidt zur Kenntnisnahme mitschickt.

Es kommt daraufhin zu einem der gar nicht so seltenen Fälle, daß eine
Beziehung in ihrem weiteren Verlauf durch einen ersten Blick oder, wie
hier, durch eine ganz am Anfang stehende sprachliche Wendung geprägt
wird: Wollschlägers Terminus von der ‹subjektiven Hitzigkeit› spielt eine
solche Rolle und zeigt gleich eingangs das Trennende in Temperament
und Gestus dieser bis 1970 anhaltenden freundschaftlichen Beziehung,
deren wesentliches Bindeglied Karl May war. Schmidt jedenfalls fühlt
sich durch diese Charakterisierung angegriffen und stellt in einem Brief
vom 12. September fest: *Was meine ‹subjektive Hitzigkeit› anbelangt, so
ist die nicht nur eine Frage des persönlichen Temperaments; sondern be-
ruht auch auf langjähriger Kenntnis des ‹Marktes›: Ihr – allerdings wesentlich ruhigerer, ‹klassischer› – Stil ist wohl Vorreden oder längeren Essays
angemessen, bei journalistischen Arbeiten jedoch wenig wirksam; zumal
in einem Fall wie dem vorliegenden, wo es gilt, einen immer noch nase-
rümpfend (wenn nicht gar verächtlich) betrachteten, bestenfalls als Ju-
gendschriftsteller genehmigten Autor ‹durchzupauken›.*[301] Diese Intention, den Autor May ‹*durchzupauken*›, gepaart mit der selbstauferlegten

Hans Wollschläger
auf der Veranda am
Haus der Schmidts
in Bargfeld, 1964

Rolle eines *Wachhundes am Urtext*[302], wiederholt Schmidt ein weiteres Mal in einem Brief an Wollschläger vom 15. November, und er verbindet dies mit der Hoffnung, daß zukünftig *auch die ‹vornehmste› Literaturgeschichte ihn erwähnen **muß!*** [303]

Dem konnte Wollschläger nur zustimmen, doch im *Großmystiker* sah er weniger eine Rettung als eine **Abrechnung** mit dem Phänomen Karl May. Diese Auffassung stellt sich zweifellos beim Lesen des Essays ein, denn von den gewaltigen Textmassen, die May zeit seines Lebens produzierte, bleiben für Schmidt eigentlich nur zwei Spätwerke als lesenswert übrig: «Im Reiche des Silbernen Löwen» und «Ardistan und Dschinnistan». Mit allem anderen – und hier kommt Wollschlägers Formel von der ‹subjektiven Hitzigkeit› zum Tragen – macht Schmidt kurzen Prozeß: *die Produktion seiner ersten 60 Lebensjahre (...) ist quantité négligeable*[304]; in dieser Zeit war May *literarisch nicht ernst zu nehmen*[305]; seine Reiseromane: *Rohe, eilfertige Erfindungen: aus Arabien oder Wildwest; wer also **zwei** kennt, kennt **alle***[306]; ein *Vielschreiber,* dem Schmidt abwechselnd *handwerksburschenhafte Eilfertigkeit, Größenwahn* und *freche Schlamperei*[307] vorwirft.

Die Invektiven ließen sich leicht fortsetzen, und sie nehmen bis zur *Sitara*-Studie, die zum Umschlagspunkt der Schmidtschen May-Kritik wird, an Heftigkeit sogar noch zu. Wollschläger hat diese Entwicklung mit einiger Skepsis verfolgt; und so ein bißchen hat man in den ersten Jahren ihres Briefwechsels den Eindruck von vertauschten Rollen: Schmidt, als der wesentlich Ältere von beiden, tritt als der jugendliche Heißsporn auf, der nun endlich mit May ‹fertig› werden will, während der dreiundzwanzigjährige Wollschläger immer wieder seine Bedenken gegen Schmidts radikale biographische Lesart Mays zu Protokoll gibt. Bezeichnet Schmidt Mays Autobiographie «Mein Leben und Streben» als *eine reine oratio pro domo, (…) gramvoll=unanschaulich; objektiv verlogen*[308], so ist sie für Wollschläger ein durchaus lesenswertes Dokument, zeigt May hier doch, «wie wahrhaftig er sein wollte!»[309].

Wer zwischen Schmidt und Wollschläger nahtlose Übereinstimmung oder gar ein Lehrer-Schüler-Verhältnis vermutet hat, muß sich enttäuscht sehen. Zweifellos war Schmidt in vielfältiger Weise für Wollschläger Anreger und Förderer. So drängt er Wollschläger schon in einem Brief vom 18. März 1958 zu einer biographischen Arbeit über Karl May und insistiert in den weiteren Briefen geradezu darauf, daß Wollschläger diese Aufgabe übernehmen ‹müsse›. Der verhält sich aber zunächst abwartend, erst am 27. Dezember 1958 teilt er mit: «Ich habe mit der Arbeit an einer umfassenden Biographie begonnen.»[310] Doch bei aller Wertschätzung füreinander, die inhaltlichen Differenzen bleiben sichtbar, nicht nur die über Karl May, sondern auch über den jeweils eigenen Lebensentwurf. Was sich schon in der Beziehung zu Wilhelm Michels zeigte, wird auch hier offenbar: Schmidt wollte mit dem, was er schrieb, vom anderen anerkannt, gelobt, aber nicht inhaltlich kritisiert werden. Als Wollschläger in einem Brief an Schmidt den Roman *Kaff auch Mare Crisium* einer kritischen Würdigung unterzieht, schreibt dieser am 18. Januar 1961 harsch zurück: *Zu KAFF selbst bitte keinen Kommentar! – Ich weiß, was ich weiß; allenfalls könnten wir in 20 Jahren darüber reden.*[311]

Reden konnte man eigentlich nur über Karl May, und selbst darüber wurde das Gespräch im Laufe der Zeit schwieriger. Zum Jahreswechsel 1961/62 ist Wollschläger zu Besuch in Bargfeld, und Schmidt macht ihn bei dieser Gelegenheit mit den Grundzügen seiner psychoanalytisch inspirierten May-Interpretation bekannt, die er dann in einigen Aufsätzen und insbesondere in *Sitara* ausführlich entwickeln wird und mit der Wollschläger zuerst doch, wie er sagt, seine «Schwierigkeiten»[312] hatte.

Schmidt ist, unter dem Eindruck der Psychoanalyse, die er sprachtheoretisch reformuliert, zu der Überzeugung gekommen, daß die Werke Mays, seine Landschaftsbilder und Kulissen, aber auch bestimmte obsessiv wiederkehrende Wörter und Silben verdrängte sexuelle und insbesondere homosexuelle Strebungen verraten, und diese unbewußten Sexualwünsche würden von den Lesern ebenso unbewußt rezipiert, was den

großen Erfolg der Texte Karl Mays erklären würde, die auf bewußter Ebene, von der ästhetischen Konstruktion her gesehen, eher trivial und reizlos wären.

Karl May wird in *Sitara* auf die Couch gelegt und psychoanalytisch verhört; seine Texte werden analog der Freudschen «Traumdeutung» erschlossen, nur sind es in der «Traumdeutung» die Assoziationen des Patienten, die den Fortgang der Analyse bestimmen, während in *Sitara* auch die Assoziationen vom Analytiker und Deuter Schmidt kommen. Der liest nun Anfang der sechziger Jahre erneut Karl May und sieht nicht mehr mit naiven Kinderaugen *eine gobelinflache & -bunte, abenteuerlich gesprenkelte Oberflächenhandlung,* sondern *etwas sehr Anderes: **Eine Welt, aus Hintern erbaut!** –: Hintern als Felsenkessel; Hintern als Tälchen (...); Hintern als Höhlen & schlimme Klüfte; Riesenbäume lümmeln phallisch an liebreizenden Leibritzen (‹Entladungen› manifestieren sich als bleiche Flämmchen); Hintern figurieren als musizierende Tale; und hoch über allem kreist nachtdiebisch die Scheibe eines Hinterns als Gestirn.*[313]

Unbewußte sexuelle Komplexe sind nicht nur für die Landschaft verantwortlich, sondern steuern, Schmidt zufolge, direkt die Wortwahl und Sprachverwendung. Schmidt geht diesem Phänomen unter anderem am *Wortballen ‹Po›* nach: *Er war halt lange bei der ‹Kol**por**tage› gewesen* *(und ‹kolpos› schlummert als ganz leicht wachzuküssende Wort-Pumpelrose auch noch darin; **sehr** Kaltblütige werden den Zeigefinger zusätzlich schon auf ‹Porta› legen, und das ‹Kol›-vorn als ‹Cul›, das ‹asche› (langes ‹a›) hinten nicht minder als ‹Po› lesen).*[314] Die Wörter werden durch orthographische Manipulationen oder Verballhornungen in phonetisch ähnliche oder gleich klingende Wörter mit sexueller Bedeutung transformiert: *‹Hypothek›* (für Schmidt besonders *anal-beziehungsreich*) wird zunächst zu *‹hypo›; an dem zwangsläufig das ‹Hippo›-Pferdchen klebt: ‹Hoppe-hoppe-Reiter›: ‹Hipp-Hipp-Popo!›. ‹Popotamus› und überhaupt ganz ‹**Mesopo**tamien›* (...) *‹Disposition /Nana-Po* (...).*› ‹Pol & Mono-Pol & Leo-pold & Apollo›* (...). *‹Empore› (das ewige ‹empor› mal ganz weglassen), ‹Pochen an ein Portal›.*[315]

Wir müssen das hier nicht weiterführen. Schmidt jedenfalls weist an den Texten Mays nach, daß die Silbe ‹Po› in geradezu inflationärer Weise auftaucht und darin kein Zufall zu sehen ist, sondern May dabei seinen verdrängten Sexualwünschen unterliegt. Bemerkenswert an *Sitara* ist die eigentümliche Mischung von wissenschaftlicher Analyse und philologisch ernsthafter Textinterpretation auf der einen Seite und dem kalauerhaften Gestus, in dem das Material präsentiert wird, auf der andern. Am Ende seiner Studie stellt Schmidt denn auch fest: *Nicht zu vermeiden war allerdings, daß mir – einem ausgesprochenen Klarglas-Witzbold – meine Arbeit periodisch zu einer humoristischen wurde.*[316]

Nicht von allen Seiten ist das so gesehen worden. Wer Schmidt aber näher kannte, für den war *Sitara*, wie Wollschläger sagt, «ein urkomisches Buch, voll von flitzendem Gelächter»[317]. Die Zeit, in der das Buch entstand, gehörte zweifellos zu den besten, gelassensten, sichersten Jahren Schmidts, «in denen er», so Wollschläger, «seinen abgründigen (und ich setze es hinzu:) einzig dastehenden ‹Humor› entwickeln konnte und im Leben die Gelassenheit der Guten Laune»[318]. Überdies kam diese Nietzscheanische Mischung von Erkenntnis und Gelächter auf dem Büchermarkt gar nicht schlecht an. Am 20. Januar 1964 schreibt Schmidt an Michels: *Von SITARA bis jetzt, staune!, **dreizehnhundert,** verkauft; (bisher waren's 4 Monate nach der Messe immer erst so 3 oder 400 – ich bitte um Gratulation).*[319]

Im Triumphgefühl aber, mit dem Schmidt in *Sitara* seine Einsichten präsentiert, steckt noch etwas anderes, nämlich eine an vielen Stellen sichtbar werdende Genugtuung darüber, das eigene Ich gerettet und sich selbst als ein Anderer, als ein Mann des rationalen Intellekts erwiesen zu haben, der mit dem ‹Triebtäter› May nicht das geringste zu tun hat. *Sitara* erledigt nicht nur das Phänomen Karl May, es ist eine Ich-Spaltung oder, besser, eine Distanzierung von bestimmten Ich-Anteilen; May ist charakterlich und wesensmäßig so ziemlich alles, was Schmidt nicht sein will, was er an sich selbst verurteilt und nicht erträgt. Im Buch findet im doppelten Sinn eine ‹Scheidung› statt, die Schmidt am Ende auf die Formel bringt: *Er Mystiker & Schnellschreiber; ich Rationalist & Mosaikarbeiter.*[320]

Der Werkmensch

Von der *bloßn* ‹*Literatur*› zur *Meta=Litteratur*

Im *Sitara*-Jahr 1962 sind Autor und Werk auf gleicher Höhe, und sie werden es eine Zeitlang bleiben. Weniger noch als in anderen Büchern gelingt es Schmidt hier, das Werk von der eigenen Situation zu isolieren. Überall verraten sich die Haltung und Lage des Autors, seine Gelassenheit und Selbstironie, seine Heiterkeit, die bei jeder Einsicht umschlägt in ein pantagruelisches Gelächter. Zweifellos entdeckt er sich in diesem Gelächter selbst, nämlich als jemand, der bisher in einem Anderen gelebt hat und, was Ausdruck und Charakter angeht, von seiner Freiheit abgeschnitten war, der aber in diesem Augenblick des Gelächters sein Leben berührt.

Einiges davon teilt sich noch auf den Fotos mit, die im August 1962 entstanden sind, als Arno und Alice Schmidt anläßlich ihrer Silberhochzeit einige Tage zu Verwandten nach Ost-Berlin fahren. Zwar lagen zu dieser Zeit die umfangreichen Übersetzungen von James F. Coopers «Conanchet oder die Beweinte von Wish-Ton-Wish» und Wilkie Collins' «Die Frau in Weiß» gerade hinter ihm, ganz zu schweigen von der Arbeit am Karl May-Buch, die parallel dazu stattfand, äußerlich aber wirkt Schmidt gelöster und unverkrampfter denn je. Auch wenn er in seinen Briefen weiterhin Rapporte in Sachen Arbeitsfleiß abgibt und von einem *schier fabrikmäßigen output*[321] berichtet, so hat dies doch eine etwas andere Qualität als noch einige Zeit zuvor. Nicht mehr Pathos und Opferhaltung stehen im Vordergrund, sondern die augenzwinkernde Selbststilisierung eines Mannes, der sich gern in der Pose eines Stachanow der Literatur bewundert.

Natürlich klagt er; fast in jedem Brief an Michels finden sich Hinweise auf seinen abgearbeiteten körperlichen Zustand. Selbst *der DDR=Ausflug war* (und man möchte hinzufügen: natürlich) *mit nichten eine Erholung*[322]. Aber das alles geschieht nach dem Muster: «Ach, ist das Leben nicht wirklich schrecklich? Gott sei Dank!»[323]

Verwandtenbesuch in Ost-Berlin, 1962

Auch in den Jahren 1963 und 1964 hält sich bei Schmidt eine dissolut-euphorische Stimmung. Wenn die Erzählungen, die Anfang 1963 entstehen, darunter *Die Wasserstrasse, Die Abenteuer der Sylvesternacht* und vor allem *Caliban über Setebos* anderes verheißen und eher den gegenteiligen Eindruck machen, dann nur, weil es Schmidt diesmal gelingt, sein Lebensgefühl vom Werk zu isolieren. In seinen Figuren spielt er den Misanthropen, der fern von allen Zeitläuften und abseits der städtischen Agglomerationen lebt, dem das Alter und, wie im *Caliban,* die eigene Erfolglosigkeit, das Scheitern an der bürgerlichen Existenz zu schaffen machen.

Aber – täuschen wir uns nicht – das ist nicht oder nur zum Teil Schmidt. Sein Leben verläuft zu dieser Zeit anders, nämlich in gesicherten Bahnen und ausgeglichen wie nie zuvor. Seine Briefe dokumentieren das Gefühl seiner Unangreifbarkeit. Wo ihm andere seitenlang über das Zeitgeschehen und über ökonomische und politische Krisen berichten, zuckt Schmidt nur lakonisch mit den Schultern. Am 18. Juli 1963 beantwortet er einen besorgten Brief seines Verlegers und Lektors Ernst Krawehl mit den Worten: *Die POE=Übersetzung ist durch interne Zusammenbrüche bei G. [Goverts] ziemlich ins Schwimmen geraten – auch Fischer soll längst nicht mehr Fischer sein – was nicht alles draußen in der Welt so vor sich geht!/Wir=dagegen sahen gestern, gegen 19 Uhr 30, auf einem Spaziergang zwischen Heese und Endeholz, in NW die Sonne sinken: und, rechts & links daneben, je 1 ‹Nebensonne›, und zwar von der rareren, längs=regenbogig gestreiften Sorte! Ein bei uns nicht gerade häufiges Fänomen; (mir allerdings von Norge her bekannt).*[324]

Zweimal ist im Sommer 1963 das Ehepaar Michels zu Besuch, und man unternimmt gemeinsame Ausflugsfahrten; darunter eine am 5. und 6. Juni nach Barlt und Kiel, wo Schmidt für einen Radioessay über Gustav Frenssen recherchiert. Die Fahrt geht über Tellingstedt und ein kleines Stück an der Eider entlang. In der *Schule der Atheisten* wird dieser Ort mit seiner Umgebung zum Schauplatz der Handlung werden. Den ersten Entwurf zu diesem Buch datiert Schmidt auf den 8. Februar 1962, und Ende 1963 regt sich bei ihm erneut die Idee, *1 Kurz=Románche zusammenrinnen zu lassen, das (...) in **Tellingstedt** spielen soll*[325]. Daraus wird aber zunächst nichts, denn Schmidt akzeptiert im Dezember 1963 das Angebot des Walter Verlags, eine federführende Rolle bei der Übersetzung der gesammelten Werke Edgar A. Poes zu übernehmen.

Einer der anderen Übersetzer heißt Hans Wollschläger. Bei vorbereitenden Konferenzen in Bargfeld – eine erste fand schon am 27. und 28. April 1963 statt – werden zusammen mit den Herausgebern Kuno Schuhmann und Hans Dieter Müller nicht nur die Auswahl- und Übersetzungsprinzipien diskutiert sowie die Arbeit aufgeteilt, es wird auch viel über Poe und den historischen Hintergrund gesprochen, und Schmidt erweist sich einmal mehr als Polyhistor. Während der Übersetzungsarbeit selbst spielt

Poe in den Briefen zwischen Schmidt und Wollschläger – die sich allerdings zu dieser Zeit ohnehin auszudünnen beginnen – nur eine ganz marginale Rolle. Von der häufig beschworenen ‹Zusammenarbeit› zwischen Schmidt und Wollschläger bleibt jedoch bei Licht besehen nicht viel übrig. Poe war im Gegensatz zu Karl May kein Thema zwischen den beiden.

Schmidt hat einige Zeit überlegt, ob er den Auftrag annehmen und sich auf zwei Jahre binden soll, aber, so schreibt er am 13. November 1963 an Michels, *die Bezahlung ist einmalig, also Scheiß ‹innere Stimme›!* [326] Bereits am 19. Dezember meldet er in bester Laune: *Schon ist das Haus der Usher ein Fertig=Haus; schon ist das 100= Seiten=Stück vom ‹Julius Rodman› zur Hälfte übertragen, in einer Art, Du – – also das's gar keine Übertragung mehr! Trotzdem ist die Ähnlichkeit mit dem Original immer noch frappierend.* [327]

Aus Arno Schmidts Bibliothek: Innentitel des ersten Bandes von Edgar Allan Poes Werken

Seine Stimmung ist ungebrochen und steigert sich noch zum 50. Geburtstag am 18. Januar 1964: *Die Geburtstagsgeschenke waren bergehoch,* berichtet er am 20. Januar Wilhelm Michels, *und die Briefflut scheint noch im Steigen. (...) Heute schrieb EDSCHMID; ganz ‹mit der Hand› & überhaupt sehr nett. (...) Der Telegraf spielte (schweigen wir ganz vom elfenbeintürmenden Telefon): Andersch gratulierte in gebrochenem Italienisch (wobei das ‹gebrochene› auf Konto des Dir bekannten greisen Brief=Trägers kam; wie denn auch I in englischer Sprache (aus München übrigens) nur dem geübten FOUQUE=Urkunden=Entzifferer seinen Sinn ganz preisgab. Wer zählt die Völker? Von Robert Neumann, Marcuse, Bense, Rowohltinselsuhrkampstahlberg (...).* [328] Verwundert ob der Hochstimmung

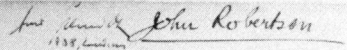

THE WORKS

OF

EDGAR ALLAN POE

EDITED BY JOHN H. INGRAM

VOL. I.

MEMOIR—TALES

EDINBURGH
ADAM AND CHARLES BLACK
1874

schreibt Michels: «Ich habe mich ungeheuer gefreut über deinen Brief vom 20. I. [...] – eine solche Euphorie habe ich nie an dir erlebt und werde ich wohl höchstens am sechzigsten noch einmal erleben.»[329]

Doch Michels mußte gar nicht so lange warten, denn Anfang März erhält Schmidt die Nachricht von der Zuerkennung des mit 10 000 DM dotierten Fontane-Literaturpreises. Damit hat Schmidt ein wenig von der öffentlichen Anerkennung erreicht, die er lange Zeit vergebens suchte. Einziger Wermutstropfen war für Schmidt der Umstand, daß die Laudatio von Günter Grass gehalten wurde. Es muß Schmidt getroffen haben, daß der erfolgreichere Kollege, der gerade mit der «Blechtrommel» reüssierte, nun ihn, der es dem Publikum mit seinen Texten nicht so leicht machte, von oben herab und ein bißchen gönnerhaft rühmte. Zudem war Schmidt solchen offiziellen Angelegenheiten, mit ihren Empfängen und Gesellingkeiten, menschlich nicht gewachsen; Peter Rühmkorf berichtet später von der «menschenabweisenden» und «maskenhaften Selbstaufführung»[330] Schmidts.

Irgendwann in dieser Zeit ist die euphorische Hochstimmung bei Schmidt mehr und mehr abgebröckelt und einer zunehmenden Gereiztheit gewichen. Die Vermutung von Jörg Drews, daß sich Schmidts Selbst- und Weltverständnis schon durch die «Einarbeitung in die Psychoanalyse sehr tief und wahrscheinlich fast choc-artig»[331] geändert hat, ist, zumindest was den Zeitaspekt, also das Chocartige der Veränderung angeht, zu bezweifeln. Nachweisbar liest Schmidt in den Jahren 1961 und 1962 Sigmund Freud; in den Briefen an Wollschläger findet sich ein erster

Wilhelm Michels und Arno Schmidt, Mitte der sechziger Jahre

Bei der Entgegennahme des Fontane-Preises, 1964

Hinweis auf eine Freud-Lektüre in einem Schreiben Schmidts vom 6. Februar 1962. Die Anfänge seiner Lektüre lagen sicher schon um einiges vor dieser Zeit, wirklich intensiv scheint sie aber jetzt erst zu werden. Auf Schmidts psychische Konstitution, auf sein Lebens- und Weltgefühl wirkt sich die Rezeption jedoch zunächst nicht aus. Das hat damit zu tun, daß die Psychoanalyse für Schmidt bis etwa Mitte der sechziger Jahre weniger der Selbsterkenntnis als der ästhetischen Bereicherung seiner Literatur diente.

Von einem eher spielerisch-ästhetischen Umgang mit Psychoanalyse und mythologischer Vorlage, dem Orpheus-Thema, zeugt die Erzählung *Caliban über Setebos*. Schmidt hat in diesem Text – und wie wir durch seine Briefe an Krawehl und Drews wissen, mit Freude – eine Unmenge von Anspielungen und Verschlüsselungen eingebaut. An Jörg Drews schreibt er am 13. September 1964: *haben Sie gemerkt, daß der ‹Setebos› ein ‹Orfeus› ist? Ich habe mir erlaubt, zweistimmig zu singen; mit 3.000 Fiorituren & Pralltrillern, die eine erhebliche Kunst & Mühe erfordern.*[332] Joachim Kaiser sagt in einem Aufsatz: Schmidt will, daß «aus dem Leser ein Detektiv werde, der Indizien erspürt und dabei auch falschen Spuren folgt», er arbeitet geradezu «mit bewußt eingebauten Spurenverwischungs-Absichten»[333]. Solche Absichten sind es auch, die Schmidt dazu bringen, Krawehl vorzuschlagen, alle Hinweise auf Anspielungen und mythische Unterströmungen im Text doch lieber wegzulassen: *Scheißmythos! Die Leute soll'n sich amüsiern.*[334]

Reduziert man die Handlung im *Caliban* auf ihren wesentlichen Kern, dann sticht das Motiv einer Desillusionierung hervor. Schmidts Orpheus heißt Georg Düsterhenn, ein Texter von Versen, ein Trivialliterat, immer auf der Suche nach neuen Anregungen, um seiner lyrischen Produktion ein verkäufliches Niveau zu sichern. Dieser Düsterhenn fährt aufs Land, weil er hofft, dort seine Jugendliebe wiederzusehen, um die er sich einst vergeblich bemüht hat; mit dem Wiedersehen möchte er sich nicht nur einen langgehegten Wunsch erfüllen, sondern sich auch in die richtige schöpferische Stimmung bringen. Doch das Unternehmen mißlingt. Düsterhenn trifft zwar seine Eurydike (Rieke), aber als er das Bild aus seiner Erinnerung mit der Wirklichkeit vergleicht, wird ihm die Illusion bewußt. Im weiteren führt nicht Düsterhenn-Orpheus Rieke-Eurydike aus der Unterwelt, sondern der desillusionierte Düsterhenn versucht sich selbst zu befreien und der Unterwelt (d. h. der bedrohlichen Sexualität) zu entkommen.

Das alles ist mit viel Witz, Hintersinn und ironischer Distanz erzählt und zeigt an vielen Stellen, daß Schmidt in dieser Zeit einfach Spaß daran hatte, mit den Erkenntnissen einer von ihm populärwissenschaftlich zugespitzten Psychoanalyse und mit Versatzstücken mythologischer Stoffe zu jonglieren und sie in den Motiv- und Bedeutungshintergrund seiner Figuren und Geschichten einzubauen.

Arno Schmidts Arbeitsplatz in den siebziger Jahren

Spätestens 1965 werden dann aber die Erkenntnisse der Psychoanalyse für Schmidt zur Interpretation des eigenen Lebenshintergrunds zunehmend relevant. Der körperliche Verfall, wie ihn schon Karl Richter in *Kaff* an sich selbst attestiert, wird nun auch für den Autor zur manifesten Realität. In Freuds «Traumdeutung» liest Schmidt den Satz: «51 ist das Alter, in dem der Mann besonders gefährdet erscheint, in dem ich Kollegen plötzlich habe sterben sehen»[335], und in Schmidts Exemplar findet sich an dieser Stelle die Randbemerkung: *wieder gelesen Aug '65 – dh mit 51 und bei kümmerlicher Gesundheit.*[336] Der nur noch als begrenzt erscheinende Lebenshorizont muß ihn in Panik versetzt haben, so daß er nun meint, zum großen Schlag ausholen zu müssen, um sich durch ein literarisches Großwerk den Ruhm und die Unsterblichkeit zu sichern.

Die Idee zu einem solchen Über-Buch hat sich bei Schmidt sukzessive entwickelt und war anfangs gar nicht so ausgeprägt. Noch am 18. Juli 1962

– ein Jahr, bevor die Zettelsammlung zu diesem Projekt anfing – schreibt Schmidt an Wilhelm Michels: *ich habe immer das Gefühl: gerade diese* ‹*Kurzfassungen*›, *in ihrer unsinnigen Konzentration, wären, gegenüber einem noch so interessanten 500=Seiten=Band,* ‹*das Richtigere*›.[337]

Der Umfang und der Bezug auf das Thema Edgar Allan Poe kristallisieren sich erst 1964 heraus. Zwischen dem 12. und 14. Mai – mitten in der Arbeit an der Poe-Übersetzung – schreibt Schmidt drei Entwürfe. Das Projekt heißt am 12. Mai *Arnheim,* beim 3. Entwurf am 14. Mai steht ursprünglich auf dem Blatt *Arnheim oder die Zeugung der Culisse;* Schmidt streicht diesen Arbeitstitel dann wieder und ersetzt *Arnheim* durch *Rotman.* Beide Namen beziehen sich übrigens auf zwei Erzählungen Edgar Allan Poes: «Der Park von Arnheim» und «Das Tagebuch des Julius Rodman». Der Entwurf[338] vom 14. Mai hat eine tabellarische Form und verfügt über insgesamt zwölf durchnumerierte Szenen, die Schmidt nach jeweils sechs Oberbegriffen differenziert. In die erste Spalte trägt er Uhrzeit und *Beleuchtung* (also etwa *Cumulus schwül*) ein, in die zweite den Ort der Handlung, in die dritte das der Handlung zugeordnete Thema aus Poes Werken, über der vierten steht *Hiesige Landschaft,* dann folgt eine Spalte für die Zuordnung der Zitate aus den Stücken Poes und schließlich eine, die in der Schmidt-Forschung bisher noch wenig Beachtung fand, *Bild-Anregungen.* Da findet sich dann zum Beispiel in der Szene 9, *Badende-Teich I,* der Name des Malers Otto Mueller, der bereits im *Faun* Erwähnung findet.

Schon diese Teichszene verweist auf eine später realisierte Passage aus *Zettels Traum,* ebenso Szenen wie *Bücherhaus,* ‹*RohrFrei*› und ‹*Gurken einlegen: Küche*›. Festgelegt sind zu diesem Zeitpunkt auch die handelnden Personen: das befreundete Ehepaar mit Tochter, die in *Zettels Traum* dann als die Jacobis auftreten werden, ist mit Vornamen und Alter fixiert, nur für die Hauptperson fehlt noch ein Name, sie wird vorläufig ‹*ich*› genannt, und dieses Ich ist 51 Jahren alt. Im Unterschied zu *Zettels Traum* erstreckt sich der im Entwurf skizzierte Szenenverlauf nicht über 24 Stunden, er beginnt um 5 Uhr und endet um 23 Uhr. Dagegen scheint von Anfang an die Idee Schmidts festzustehen, den Text auf drei Spalten zu verteilen.

Kurz vor Jahresende, am 26. Dezember, werden die Namen der Hauptpersonen sowie Alter, Beruf und Charakterzüge endgültig fixiert. Auch das ‹Ich› hat jetzt einen Namen: Daniel Pagenstecher. Die Handlung des Romans soll an einem Sommertag des Jahres 1965 in Bargfeld spielen. Langsam zeichnen sich jetzt Umfang und Ausmaß des Projekts immer deutlicher ab. Am 15. Dezember 1964 schreibt Schmidt an Wilhelm Michels: *das berüchtigte* ‹*eigene Buch*›: *noch laufen die Einfälle ebenso wacker wie die* ‹*Zettel*›; *(es sind jetzt schon 3 Kästen voll: was* das *werden will, soll mich doch verlangen!*[339] In einem Brief an Alfred Andersch vom 27. Januar 1965 spricht Schmidt von einem *I.000 Seiten-Buch*[340]; und einen

Bei der Arbeit an *Zettels Traum*, 1965

Monat später, am 26. Februar, gibt er erneut einen Zwischenbericht von der Materialsammlung an Michels: *Jetzt nur so viel, daß der* **vierte** *Kasten sich auszubauchen beginnt; die Zahl der Zettel beträgt zwischen 35.– 40.000 (!).*[341] Am Ende werden es 120 000 Zettel sein. Von *Zettel's Traum* ist dann erstmals in einem Entwurf vom 22. März 1965 die Rede. Die Gliederung zählt zwar anstatt der später realisierten acht noch zwölf Bücher auf, das aber ist eine Sache der Komprimierung, inhaltlich läßt die hier skizzierte Struktur der einzelnen Bücher die Endfassung schon ahnen.

Mit der Niederschrift beginnt Schmidt am 25. August um 5 Uhr. Gedrängt von den zu verarbeitenden Materialmassen schlägt er ein Tempo ein, das ihn bereits nach wenigen Tagen an den Rand der Erschöpfung bringt: *Ich bin itzt schon derartig überarbeitet,* schreibt er am 11. September an Michels, *daß ich ab Nachmittags zittre wie Espenlaub.*[342] An den vollkommen desolaten körperlichen und nervlichen Zustand erinnert sich Ernst Krawehl, der Schmidt am 28. September in Fulda trifft, wo dieser die Ehrengabe für Literatur des Kulturkreises im Bundesverband der deutschen Industrie erhält. Ungeduldig wartet Schmidt auf das Ende der Zeremonie und läßt sich dann schnellstens von dem für diesen Tag gemieteten Fuhrunternehmer aus Bargfeld zurückfahren.

Zettels Traum war *eine Frage der Konstitution*[343], sagt Schmidt später in einem Interview und beschreibt dann seinen damaligen Arbeitstag: *Wäh-*

rend der Jahre der Niederschrift bin ich jede Nacht um zwei oder ein Uhr
aufgestanden, dann habe ich bis morgens um sieben oder acht gearbeitet,
mich drei Stunden hingelegt und dann weitergemacht, allerdings mit den
leichteren Arbeiten – dem Ordnen der Zettel, dem Zusammentragen des
Materials, dem Verifizieren von Zitaten, dem Nachschlagen von Werken.
So habe ich jeden Tag 14 bis 16 Stunden gearbeitet. (...) Nachdem ich das
erste halbe Jahr daran geschrieben hatte, bin ich zusammengeklappt und
habe acht Tage nur geschlafen.[344] Alice Schmidt, die Augenzeugin und
Mitleidende dieses Unternehmens war, aber inhaltlich nun mehr und
mehr den Bezug zu den Werken ihres Mannes verliert und die Typo-
skriptbücher erst nach seinem Tod lesen wird, schreibt am 28. März an
Krawehl: «ich habe es nicht gern gesehn, daß mein Mann Zettels Traum
schrieb [...]. Keine Spaziergänge mehr – kein Sitzen im Garten – kein
Sonntag – kaum die Möglichkeit eines Gespräches: auf Fragen nur abwe-
send nervöse Antworten: bestenfalls. – Im ständigen Gemurmel, wort-
probierend, bewegten sich seine Lippen. Völlige Vernachlässigung der
eignen Gesundheit. Völlige Gleichgültigkeit gegen alles, was nicht ZT
betraf. Er nahm von keinem Brief Kenntnis. Schrieb keinen: jahrelang.»[345]

Die rigorose Selbstisolation Schmidts, die 1965 einsetzt und sich in den
siebziger Jahren durch den endgültigen Abbruch einiger persönlicher
Beziehungen noch verschärft, läßt sich am Umfang der Korrespondenz
ab Mitte der sechziger Jahre ziemlich exakt belegen. In der Korrespondenz mit Alfred Andersch datiert der letzte Brief Schmidts vom 27. Januar 1965, erst in den siebziger Jahren wird ein zaghafter Briefverkehr wieder aufgenommen, in dem die Melancholie eines bereits gelebten Lebens
mitschwingt. Der Briefwechsel mit Wilhelm Michels dünnt sich 1965
stark aus; 1966 gibt es vom 17. Februar nur noch einen Geburtstagsbrief.
Michels ist allerdings insoweit ein Sonderfall, weil er Mitte 1967 nach
Bargfeld zieht. Was den Briefwechsel mit Hans Wollschläger angeht, so
meldet Schmidt am 20. Dezember 1965 noch den Stand seiner Arbeit:
Mein Büchlein befindet sich auf Seite 65, (dh DIN A3; also gute 200 nor-
male)[346], danach verebbt der briefliche Kontakt. Mit Eberhard Schlotter
gibt es Anfang 1965 Unstimmigkeiten, eine Rolle spielt dabei das Wort
‹literarisch›, das in einer Abendunterhaltung fällt und das Schmidt in ab-
wertender Weise auf sich bezieht. Der Briefkontakt wird in der zweiten
Hälfte der sechziger Jahre seltener und bricht teilweise ganz ab. Als
Eberhard Schlotter am 24. November 1966 noch einmal an Schmidt
schreibt und ihn um einen Text zu einer neuen Folge von Radierungen
bittet, muß dieser ablehnen: *Ich habe*, so schreibt Schmidt am 4. Dezember, *bis jetzt überlegt & gedoktert; aber – entschuldige, Eberhard – ich*
kann's, einfach von der Zeit her, nicht einbauen. Ich bin mitten im Buch iv,
(von insgesamt viii Büchern; in Normalseiten ausgedrückt befinde ich
mich auf 1750).[347] «Der Dialog», so Schlotter, «wurde einseitig und ermü-

Bei einem Spaziergang. Foto: Alice Schmidt

dete. Jedesmal sagte er zu mir: ‹schreib mir, ich lese gern Deine Briefe, aber ich kann nicht antworten›.»[348]

Jörg Drews, der Schmidt am 24. Oktober 1964 persönlich kennenlernt, schreibt seine Briefe und Postkarten meist an Frau Schmidt und bittet um

Weiterleitung an ihren Mann. Auch in diesem Fall gibt es zur Zeit der Niederschrift von *Zettels Traum* keinen nennenswerten Briefverkehr, es kommt aber zwischen 1965 und 1970, jeweils in den Sommermonaten, zu mehreren Besuchsterminen. Jörg Drews reist mit seinem Freund Jürke Grau, und beide bringen ihre Freundinnen mit nach Bargfeld. Schmidt zeigt sich im persönlichen Kontakt weder abweisend noch genervt und ungeduldig; im Gegenteil, «es gab», so Drews, «immer ein langes und lebendiges gespräch, wenn ich da war, und wir gingen stundenlang spazieren und/oder fuhren mit dem auto durch die gegend, und schmidt charmierte die damen (die freundin von meinem freund jürke und meine freundin), so sehr und so erfolgreich, daß wir herren ganz eifersüchtig wurden. also, es kann ihn nicht <u>so</u> gelangweilt haben, sonst hätte er doch wohl nicht stunden und stunden im gespräch und offenbar auch entspannt und fröhlich (wie auch photos zeigen) mit uns verbracht»[349]. Schmidt, der solche Situationen, in denen er Hahn im Korb war, offensichtlich auch in dieser Zeit genoß, hatte auf der anderen Seite – das zeigen die Tagebuchnotizen im Anhang des Briefwechsels mit Wilhelm Michels – ein starkes Bedürfnis, sich, sobald er wieder allein war, von solchen Erlebnissen zu distanzieren und den anderen zu beschimpfen. Im Tagebuch taucht das Wort Gespräch nicht auf, es gibt nur *Quatschen, Gewäsch* und *ödes Gerede*[350]. Ob man zum Baden oder zum Eis- oder Spargelessen fährt, im Tagebuch sind dies alles immer *die verfluchten Störungen*; jede Geselligkeit erscheint als eine Ablenkung vom Eigentlichen und läßt bei Schmidt die Befürchtung entstehen: *Ich komme nicht mehr zum Arbeiten!*[351]

Bei allem persönlichen Verkehr, den es zu dieser Zeit noch gab, einen gedanklichen Austausch über seine Arbeit hat es mit niemandem gegeben. Schmidt schreibt dazu schon Ende der fünfziger Jahre an Eberhard Schlotter: *daß Sie – genau wie ich auch – zu den Leuten gehören, die zumindest von lebenden Kollegen keinerlei fördernde Anregung empfangen können: Ihre Sachen werden, meines Erachtens, umso besser, je isolierter, je mehr für sich allein, Sie arbeiten. (Und das ist ja auch gar kein Wunder: nur ungestört (und <u>alles,</u> was von Außen kommt, ist, nachdem man genug gelebt hat, Störung!) kann man ganz der werden, der man ist).*[352]

Das Projekt *Zettels Traum* bleibt lange Zeit ein Geheimnis, aber ein Geheimnis, das mit gezielten Indiskretionen, Anekdoten und Halbwahrheiten immer wieder ins Gespräch gebracht wird. Schon 1966 schreibt ein Rezensent des gerade erschienenen Sammelbandes *Trommler beim Zaren*, daß Schmidt an einem schwierigen, komplizierten Buch arbeite, «das dem Vernehmen nach den letzten Roman, *Kaff auch Mare Crisium* weit hinter sich lassen dürfte»[353]. Was dann im Laufe der Jahre, bis zum Erscheinen von *Zettels Traum*, an Hinweisen und Andeutungen über dieses Projekt durch die Presse geistert, dies gehört zweifellos – und Hans-Mi-

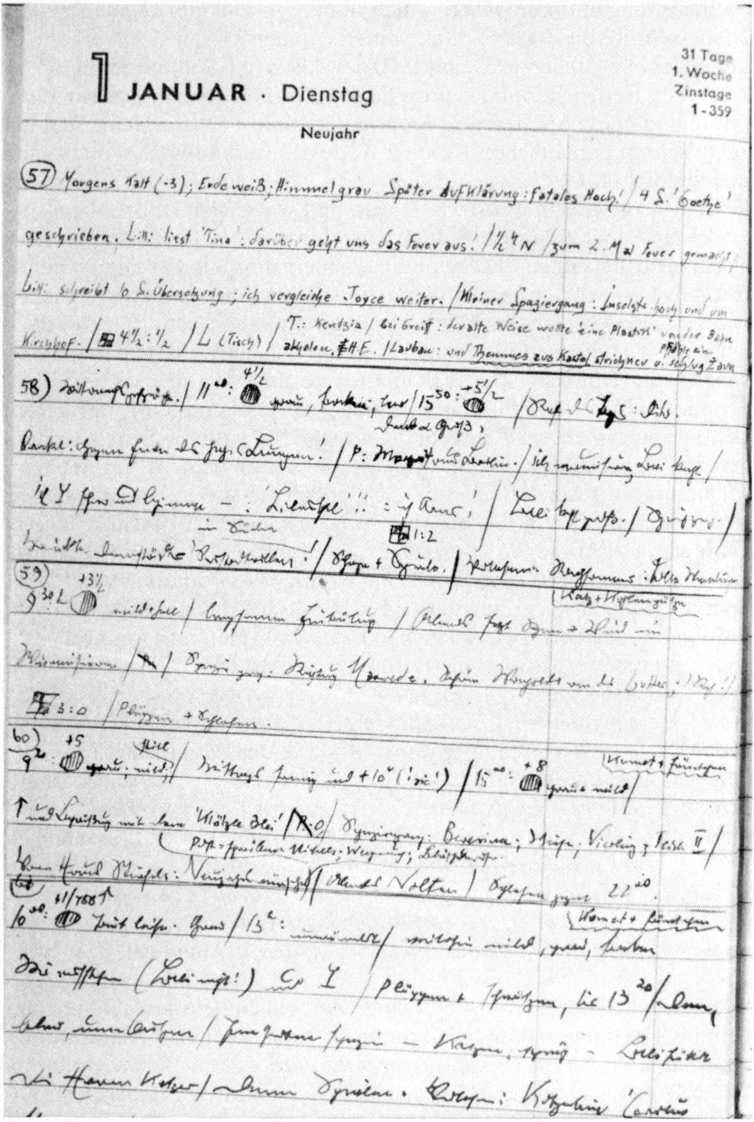

1 JANUAR · Dienstag

Neujahr

(handwritten diary entries, largely illegible)

Seite aus Arno Schmidts Tagebuch.
Untereinander die Eintragungen jeweils für den 1. Januar 1957, 1958, 1959, 1960 und 1961

chael Bock hat dazu das Notwendige gesagt[354] – zu den großartigsten Kapiteln in der Geschichte des Paratextes.

Einer, der *Zettels Traum* auch nur über diese ausgestreuten Paratexte kannte und erst kurz vor der Fertigstellung Genaueres erfuhr, war Schmidts Lektor und Verleger Krawehl: «ich habe», so stellt er in einem Brief klar, «nie, nie, nie ein einziges Blatt des Textes zu sehen bekommen, umsoweniger ein Gespräch darüber geführt. Vom Inhalt, Aufbau, was Sie wollen, gar nimmer etwas ahnend. Nach unterschriebenem Vertrag, wobei ich um das Objekt zu retten, die mir verlagsseitig gegebenen Limiten noch eigenmächtig erhöhte, wurde das Ms (von dem kein fertiger Durchschlag existierte) in einen Seifen- oder Persilkarton gepackt, mit einer (Gardinen?)kordel umwickelt und mir mit auf die Reise gegeben, nicht ohne eine verlagsverbindliche Bestätigung zu hinterlassen, daß mit dieser Übergabe alle vertragsrelevanten Verpflichtungen des Autors erfüllt seien. Für die Vorverhandlungen im März und April 69 in Karlsruhe, Stuttgart usw. war mir eine abgerissene untere Drittelseite eines Blattes mitten aus dem Text mitgegeben worden.»[355]

Die Interessen des Autors bei den Vertragsverhandlungen vertrat auch diesmal Alice Schmidt. In einem Brief an Krawehl vom 28. März 1969 lehnt sie das ursprünglich gemachte Verlagsangebot ab: «Mehrfach erwähnten Sie sehr richtig, daß es natürlich besonders honoriert werden müßte, daß mein Mann ZT ohne Vorschußbeanspruchung schrieb. Wo war nun nur eine Spur dieser besonderen Honorierung bei dem Angebot der Verlagsgruppe? Sie sagten: ca 130 DM Verkaufspreis. Für den Autor ca 16 DM (was also gerade 12% Honorar wären, kaum eine Spur mehr als die bisherigen 12% Honorar der letzten Bücher, ja sogar weniger, denn 3000 x 16 ergibt 48.000. Und Sie sagten: 45.000. (Leise wurde von Ihnen die Zahl 48. für evtl. auch erwähnt. Gut, 50 wären es schließlich wohl auch noch geworden. Was aber immer noch erst ca 12% Honorar ergibt.»[356]

Alice Schmidt setzt schließlich ein Honorar von 15 Prozent und eine Garantiesumme von 70 000 DM als Vorauszahlung durch, die in jährlichen Raten zu jeweils 10 000 DM, beginnend mit dem 1. Juli 1970, gezahlt werden sollen. Festgelegt wird auch, daß zur Ausstattung des Buchs der Verfasser zu hören ist. Schmidt hatte sich diese Klausel ausgebeten, denn es war lange Zeit zwischen den Vertragspartnern umstritten, wie man diese 1334 großformatigen Seiten binden und reproduzieren soll. Der Vertrag wird von Arno Schmidt am 15. Mai 1969 unterschrieben.

Die Niederschrift lag zu diesem Zeitpunkt schon einige Monate zurück, sie endete am 31. Dezember 1968 um 6 Uhr. In der Zeit bis zum 20. Februar 1969 geht Schmidt das Manuskript noch einmal durch und bringt letzte Korrekturen an. Einen Monat später, am 20. März, lüftet Schmidt höchstpersönlich das Geheimnis um *Zettels Traum,* er läßt den Norddeutschen Rundfunk nach Bargfeld kommen und gibt eine Art Einfüh-

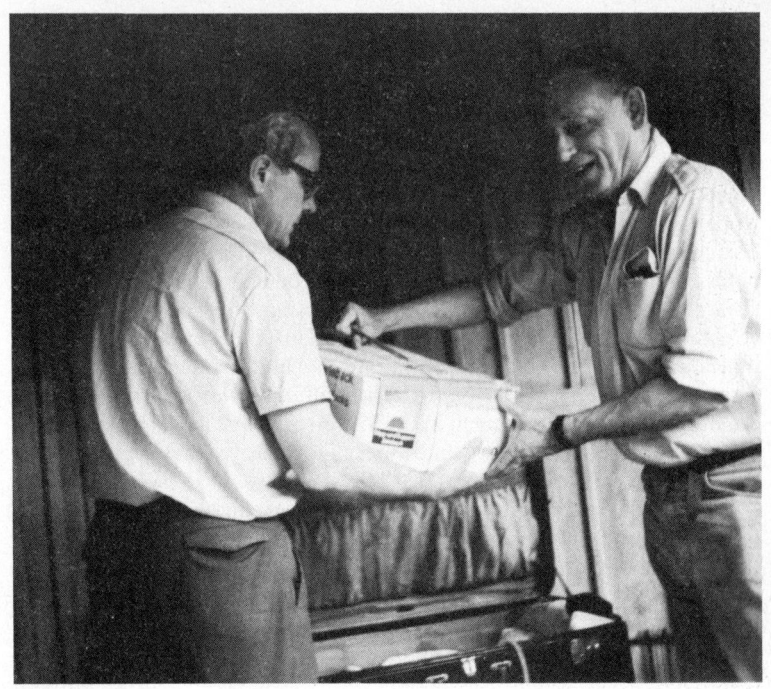

Arno Schmidt und Ernst Krawehl in Bargfeld bei der Übergabe des Manuskripts von *Zettels Traum*, 1969. Foto: Alice Schmidt

rung zu diesem Buch, die unter dem Titel *Vorläufiges zu Zettels Traum* als Schallplattenkassette veröffentlicht wird. Ein weiteres Ereignis, das die Bühne für *Zettels Traum* bereitet und zur Einstimmung des Lesepublikums dienen soll, ist der im Oktober 1969 erschienene Sammelband *Der Triton mit dem Sonnenschirm*. Der Klappentext weist diesen Essays den Rang von Vorstudien zu, die «dem Schmidt-Leser beim Eindringen in sein Hauptwerk *Zettels Traum* gute Dienste leisten»[357].

Als das Werk selbst im April 1970 auf den Markt kommt, kostet es 298 DM bei Subskription und später 345 DM; die Auflage von 2000 handsignierten Exemplaren und die Ausstattung machen es zum Sammelobjekt, und schon nach drei Monaten ist die Auflage restlos verkauft. Der Verkaufserfolg war eine Sensation, zumal wenn man bedenkt, wie schleppend sich andere Bücher Schmidts absetzen ließen. Doch schon damals war es ein offenes Geheimnis, daß hinter dem Erfolg Käuferschichten mit eindeutig spekulativen Interessen standen, die *Zettels Traum* als Aktie ansahen. Gewissermaßen als Reaktion darauf erschien ein halbes Jahr

116

später in Berlin ein Raubdruck von *Zettels Traum* in verkleinertem Format. Der, wie es in der Sprache des Zeitgeistes hieß, ‹proletarische Reprint› wurde in 1000 Exemplaren aufgelegt und kostete 100 DM. Jörg Drews nahm in der «Süddeutschen Zeitung» abwägend, aber im Grundsatz positiv zu diesem Unternehmen Stellung, nannte es «eine soziale Tat für viele Literaturbeflissene»[358], die sich die reguläre Ausgabe nicht leisten konnten, und zog damit den Unwillen von Autor und Verlag auf sich. Schmidt, der zusammen mit dem Goverts Krüger Stahlberg Verlag Strafantrag stellte, zeigte sich von der *Denkweise* und *Gesinnung dieser Leute* brüskiert und verletzt.

Seine Reaktion, so vermutet auch Wolfram Schütte[359], war deshalb so heftig, weil er durch die triviale Reproduktionstechnik der Raubdrucker sein Werk, das nach allen Seiten den Charakter eines Originals, eines Unikats ausstrahlen sollte, förmlich entweiht sah. Getroffen hat ihn diese Aktion aber auch in seiner Identität als Autor, für den das Schreiben ein Opfer ist und der dieses Werk zum physischen Gewaltakt erhob, um seinen Anspruch auf Geltung und Anerkennung vor aller Welt deutlich zu machen. Jetzt aber – und Schmidt hat davon mit panischem Schrecken Notiz genommen – war der Zeitgeist ein anderer. Literatur, die ihren gesellschaftlichen Zweck und Standort nicht eindeutig ausweisen konnte und nur Literatur sein wollte, wurde mit dem Verdikt des L'art pour l'art ausgegrenzt. Wie weit das ging, zeigt sich daran, daß Gert Ueding in einer Rezension von *Zettels Traum* den fehlenden Klassenstandpunkt anmahnte und Solidarität mit den Ausgebeuteten vermißte.[360]

Auf der anderen Seite war jener Schmidt, der sich in den fünfziger Jahren mit Wortwitz und einer terrierhaften Aggressivität gegen Adenauer-Staat, Restauration und Bigotterie auflehnte, in der Zeit politischer Bewegungen und Umbrüche zum Freund der Ordnung geworden, der die aufbegehrende Jugend beschimpfte, aus Neid vielleicht, aber auch einfach, weil ihm der Lärm, der von draußen kam und der über die Fernsehbilder ins Bargfelder Refugium drang, beim Arbeiten störte. Schmidt bricht in dieser Zeit nicht nur mit vielen seiner Bekannten, sondern auch mit einem Teil seines Publikums, das ihm seit den fünfziger Jahren die Treue hielt und in ihm den Aufklärer und wortgewaltigen Rebell verehrte: «schmidt», so Jörg Drews, «lasen wir nicht in seinen kunstmetaphysischen qualitäten, sondern in und wegen seiner aufsäßigkeit, dem anarchischen, was da trotz starrer oberfläche immer <u>auch</u> da ist bzw. war. ich glaube, schmidts haß auf die 68er und die jugend und die hippies etc. (um 1968/70) kommt auch daher, daß er sich an zwei zentralen punkten bedroht sah, sich und das, wofür er stand: 1) <u>fleiß</u> (bei der kulturaneignung), fleiß und entsagung wollten diese jungen leute nicht mehr praktizieren (so proklamierten sie's wenigstens); 2) die idee der ‹unsterblich<u>keit</u>› von kulturgütern wurde fraglich – und dabei hatte schmidt sich doch für die ‹unsterblichkeit› jahrzehntelang abgequält! und nun war ZT fertig (exegi monumentum...!), und die jungen pfiffen auf die idee der unsterb-lichkeit! schreck lass nach!»[361]

Wo sich Schmidt zur Metaliteratur aufschwang, mochten ihm viele der Getreuen nicht mehr folgen. Alfred Andersch ist hier stellvertretend zu nennen: So sehr er den Schmidt der fünfziger Jahre verehrte, in *Zettels Traum* sah er nicht den Höhepunkt seines Schaffens, sondern die Abkehr vom aufklärerischen Habitus.[362]

Die Rezensenten, die in der ersten Zeit zu *Zettels Traum* Stellung neh-men, reagieren ihre Verblüffung ab, indem sie sich zunächst einmal über Gewicht und Umfang des Buchs verständigen und im weiteren von eige-nen Leseerfahrungen berichten. Der Verlag kommt dem Bedürfnis, *Zet-tels Traum* als ‹dickes Buch› zu betrachten, mit immer neuen und differen-zierteren Zahlen entgegen, und der Autor selbst gibt die Empfehlung heraus: D*er kluge Rezensent sagt ein Jahr lang gar nichts. Er sagt nur, daß es so etwas gibt.*[363]

Nach den Rezensionen kommt es nur in Ansätzen zu einer kritischen Auseinandersetzung mit diesem Buch, so bei Oswald Wiener[364] oder Hel-mut Heißenbüttel[365]. Ein – bis heute – isoliert dastehender Versuch, *Zet-tels Traum* einzuschätzen, ist der Aufsatz von Jörg Drews, der sich auf die erste Seite, also Zettel 4, bezieht und Kommentar sein will, jedoch weit über diesen Anspruch hinausgeht und nicht nur Einzelstellen dechif-friert, sondern Linien zieht und dem Leser Einsicht in Methode und Auf-bau des Buchs vermittelt.[366]

Die Schwierigkeiten, mit denen sich der Leser von *Zettels Traum* kon-frontiert sieht, liegen zumeist in der ungewohnten phonetischen Schreib-weise, die bewußt außerhalb aller Duden-Regeln gestellt ist, und in der Anordnung des Textes, der sich auf drei Spalten verteilt, wobei die breite Mittelspalte primär die Handlung enthält, die linke sich auf Edgar Allan Poe bezieht und in der rechten die Assoziationen und Kommentare des Ich-Erzählers stehen. Durch die Trennung und Differenzierung des Tex-tes wollte Schmidt – und darin sah er den Unterschied zu «Finnegans Wake», wo diese Ebenen zusammengezogen seien – den Leser darüber ins Bild setzen, wer an der jeweiligen Stelle spricht. Dieses Unterfangen macht es – in gewissen Grenzen – möglich, *Zettels Traum* ohne die text-exegetischen Poe-Analysen und ohne die kommentierenden und reflek-torischen Teile, rein von der Handlung her zu lesen, die sich auch relativ schnell erkennen und angeben läßt: Der alternde Schriftsteller und Po-lyhistor Daniel Pagenstecher wird an einem Julitag von dem Übersetzer-Ehepaar Jacobi und deren Tochter Franziska in seinem Haus in der Hei-de besucht. Das Ehepaar arbeitet an einer Übersetzung der Werke Poes und erhofft sich Hinweise und Tips von Pagenstecher. Während die vier nun Spaziergänge machen, im Garten sitzen, das Essen vorbereiten, in der Bibliothek hocken, Nachrichten hören oder Dias anschauen, ist im-

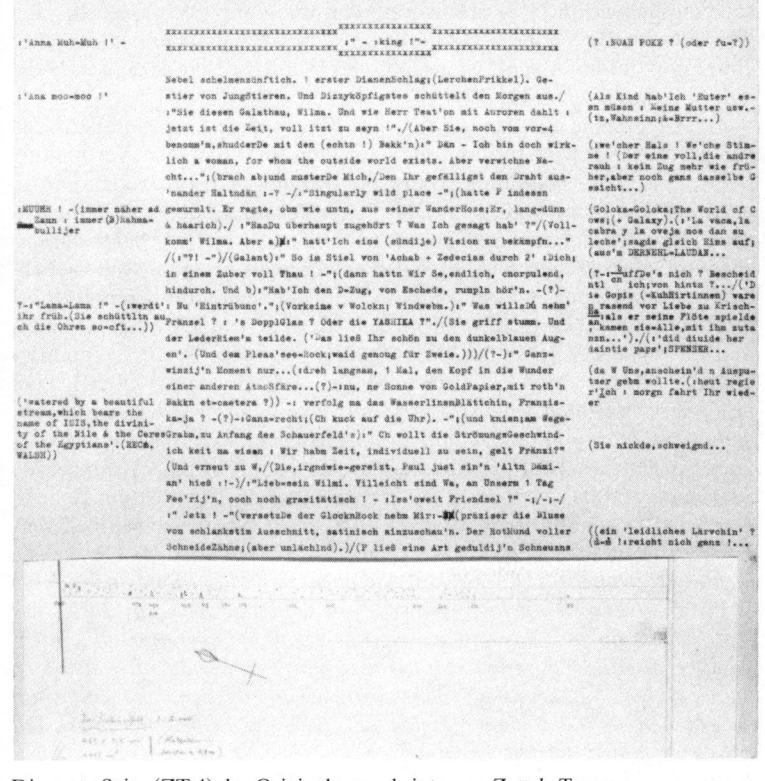

Die erste Seite (ZT 4) des Originalmanuskripts von *Zettels Traum*

mer auch Edgar Allan Poe Gegenstand des Gesprächs. Man kann, was Poe angeht, *Zettels Traum* auch als eine – nach Fouqué und May – weitere Schriftstellerbiographie Schmidts lesen, die das bereits in *Sitara* entwickelte psychoanalytische Instrumentarium auf den Spezialfall Poe anwendet und in dieser Hinsicht zu dem Schluß kommt, daß *Poe zu 70% Voyeur, mit raffiniert urophilen Neigungn; zu 30% (...) Exhibitionist; Frauen gegnüber, relativ sehr=früh psychisch=impotent*[367] ist.

Zutage gefördert werden die psychischen Defekte Poes durch eine Deutung seiner Texte, die sich nicht mehr auf den manifesten Inhalt bezieht, sondern mit Anspielungen und phonetischen Wortassoziationen den latenten Sinn der Texte als *ein=großes sublimiertes S=Selbstgeflister*[368] (S=Sexualität) zu dechiffrieren versucht. Zum Assoziationsfeld und Medium werden dabei nicht zuletzt die Defekte Dän Pagenstechers und Paul Jacobis, die nahezu alle Selbstwahrnehmungen auf den Untersuchungsgegenstand Poe projizieren. Autobiographisches spielt bei diesen Selbstanalysen eine wichtige Rolle. Schmidt schafft in Pagenstecher eine Figur, in der er seine biographische Wahrheit, sein Wesen in Form einer Fiktion beschreibt.

Ins Allgemeine gewendet ist *Zettels Traum* auch eine Untersuchung zur psychischen Konstitution des Künstlers, und damit in Verbindung steht ein weiterer Handlungsstrang, die Beziehung des alternden und an partieller Impotenz leidenden Dän Pagenstecher zu der sechzehnjährigen Franziska. Auf der einen Seite macht sich die Impotenz bei Pagenstecher als Defekt bemerkbar, durch den er sich zum entsagungsvoll Liebenden verurteilt sieht, auf der anderen Seite, so behauptet Schmidt, führt die Impotenz bei einigen, wenigen Künstlern zur reinen Intellektualität und Geistigkeit. Schmidt hat dieses Stadium als *vierte Instanz*[369] beschrieben, die sich nach dem Freudschen Modell von Ich, Es und Über-Ich bei besonders begabten Gehirntieren entwickelt: *infolge der immer=abnehmendn HormonIntoxication,* so Pagenstecher, *krickt mann wieder n klareren Kopp.*[370] Und erst dieser klare Kopf macht das etymbewußte Schreiben und das Verstehen der Etyms möglich. Etym ist ein Begriff, den Schmidt von Joyce übernimmt und den er für sich selbst in *Zettels Traum* folgendermaßen definiert: ‹*Was 'Worte' sind, wißt Ihr–?›;/(sie nickten so schnell:!)/(Glückliches Völkchen; mir war's nich ganz klar,)).: ‹Also das bw spricht Hoch=Worte. Nun wißt Ihr aber, aus FREUD's 'Traumdeutung', wie das ubw ein eigenes Schalks=Esperanto lallt; indem es einerseits Bildersymbolik, andrerseits Wort=Verwandtheiten ausnützt, um mehrere (...) Bedeutungen gleichzeitig wiederzugeben. Ich möchte nun diese neuen, wortähnlichen Gebilde (...) 'ETYMS' heißen: der obere Teil des Unbewußten: spricht 'Etyms'.›*[371] Während Pagenstecher über die Etyms verfügt und sich zum *Herr der Wort=Weltn*[372] aufschwingt, verhalten sich die Etyms gegenüber Poe, den Schmidt als Dichter-Priester klassifiziert, ausgesprochen unfügsam, ja, Poe ist geradezu ein *Nährbottom für Etyms*[373], die bei allem, was er schreibt, auf den Text durchschlagen, selbst bei der Wahl oder Nennung irgendeines Namens: ‹*'FRANCIS SARGENT OSGOOD'?: könnte nich der Name=allein (...) anregnd für Ihn gewesn sein?›* (...) ‹*Das iss, bei*

Arno Schmidt auf der Veranda seines Hauses in Bargfeld.
Foto: Alice Schmidt

Etymsüchtijen, <u>stéts</u> die Initialzündung: daß der Name wichtijer ist als die Trägerin!: 'FRANCIS' erinnerte alsogleich an 'friend + sis'; (ob auch an 'French'?). Ein 'SARGENT' war Er selbst, bei der Art'll'rie, gewesn. Und 'OSGOOD', (zu zerlegn in 'os' & 'gut') ist übervoll von 'lokkndn Bedeutungn'; nämlich 'os'; & 'osculum' ist 'culus' + 'Mündchen & Kuß'; 'gut' endlich, summiert 'God + good + Eingeweide'.»[374]

Oswald Wiener sagt an einer Stelle seiner Auseinandersetzung mit *Zettels Traum*: «die methode erzeugt ihren sinn, wer sie akzeptiert findet diesen sinn und hält an ihm fest.»[375] An der Etym-Theorie Schmidts wird bewußt, was hinter *Zettels Traum* steht, neben einer literarischen nämlich insbesondere auch eine wissenschaftliche Intention.

Doch kommen wir zurück zur Handlung, die ganz unabhängig von der Etym-Theorie zu verstehen ist. Nur auf den ersten Blick ist die Handlung in *Zettels Traum* geschlossen, schaut man genauer hin, dann öffnet sie sich immer wieder in surreale und mythologische Welten. Regelrechte Metamorphosen machen die Protagonisten bei einem harmlos anmutenden Spaziergang zum nahe gelegenen Badeteich durch. Schmidt überformt, ja remythisiert die alltäglichen Ereignisse mit Anspielungen aus mythologischen Stoff- und Motivzusammenhängen; er hebt damit Zeit, Raum und Gestalt seiner Figuren auf und macht sie durchlässig für eine andere Wirklichkeit, in der sie zu Schiffen, Bäumen oder Gottheiten werden und trotzdem immer noch Figuren der Handlung sind. Für den Leser sind diese Verwandlungen manchmal schwer zu identifizieren. Ist auf der ersten Seite der Hauptstrang der Handlung noch genau zu erkennen, so verschiebt sich im weiteren Verlauf die Erzählebene nach links oder rechts, Realität und Gedankenspiel vermischen sich und gehen ineinander über. Mythologische Stoffe, Anspielungen und Zitate sind oft in der Schreibweise derartig komprimiert, daß sie sich nur dem auf Anhieb erschließen, der an der Lesewelt des Autors teilhat und den Lektürekanon nachvollzieht.

Schon gleich zu Anfang des Buchs tauchen links und rechts Begriffe auf, die sich nur über ein derartiges Hintergrundwissen verstehen lassen: links steht auf Zettel 4 *Anna Muh-Muh!,* das ist ein Zitat aus Poes Erzählung «The Narrative of Arthur Gordon Pym», dort wird die Südmeerinsel Tsalal beschrieben, auf der die Bewohner ‹Ana moo-moo› rufen. Schmidt wandelt das ab in *Muh-Muh* und macht so auf den Ort der Handlung aufmerksam, den die Protagonisten zu Beginn von *Zettels Traum* betreten, eine Kuhweide. Die rechte Spalte fängt mit dem Wort *Noah Poke* an, das ist eine Gestalt aus Coopers Roman «Monikins», und dieser Noah Poke verwendet bei allen möglichen Gelegenheiten den Ausdruck «king!». Mit diesem Wort *king!,* eingerahmt von lauter kleinen ‹x›, die als graphische Zeichen für den Stacheldraht der Kuhweide stehen, den die Protagonisten auseinanderziehen, um den Schauplatz der Handlung zu betreten, fängt die mittlere Spalte von *Zettels Traum* an.

Es gehört zur Rezeptionsgeschichte dieses Buchs, daß sich schon kurz nach Erscheinen ein Kreis von Lesern zusammenfand, der sich damals «Arno-Schmidt-Dechiffrier-Syndikat» nannte. Jörg Drews, der zu den Initiatoren gehörte, erinnert sich an die erste Zeit: «anfang mai 1970 traf ich mich mit freunden in bargfeld, darunter hartwig suhrbier, wolfram schütte und günther flemming. suhrbier war damals NRW-korrespondent der FR, schütte literaturkritiker der FR und redakteur, und flemming arbeitete in einem stuttgarter wirtschaftsverlag. es waren aber noch 1 oder 2 weitere leute dabei. ZETTELS TRAUM war einen monat zuvor erschienen. wir hatten alle schon 'reingeschnuppert, aber keiner hatte eine größere strecke drin gelesen. nun war die idee, daß das keiner mehr ‹alleine› lesen könne, sondern man da kooperieren müßte, natürlich naheliegend, wenn man die entschlüsselung von zitaten, anspielungen etc. ins zentrum rückte und für die ‹richtige› leseweise des buches hielt. nun waren wir aber gar nicht so dogmatisch oder vernagelt, saßen eigentlich eher staunend und vergnügt (und viele viele von bangemann servierte biere trinkend) vor dem buch. eigentlich vereinbarten wir nur eins: es gab ja damals viel mehr als heute schmidt-leser, die das, was sie an zitaten etc. herausgekriegt hatten, kleinlich-eifersüchtig hüteten und niemand was davon mitteilten; psychoanalytisch gesprochen: anal-retentiv, geheimwissen hütend. wir

Jörg Drews bei der
Arno Schmidt-Ausstellung
in Wismar, 1989

fünf oder sechs beschlossen nun anfang mai 70, daß wir diese hüte- und verheimlichungsspielchen nicht mitmachen wollten, sondern uns allen diesen kleinkram, die funde auf der philologischen schnitzeljagd offen mitteilen würden – weil, wie vor allem schütte und ich sagten, das lesen & verstehen in einem höheren sinn erst danach/dahinter anfange ...

als nun ich wieder in münchen war und für die SZ meine reisekostenabrechnung machen mußte, stand ich vor der notwendigkeit, anzugeben, was denn bei der reise 'rausgekommen sei ... und da erfand ich das arnoschmidt-dechiffrier-syndikat, das heißt: ich türkte den namen, den blödsinnig gestelzten (schrieb eine kleine meldung über die ‹gründung› des syndikats ...) – das war ein hoax, wie ein geübter zeitungsleser der SZ merken konnte: die ganze meldung war *kursiv* gedruckt, also in der schrift von glossen, kommentaren etc., nicht in einer unironischen meldungsschrift. [...] konkreter wurde die sache erst im oktober 1971, als sich ca. 18 mann in bargfeld trafen und ZT auslegten und über schmidt quatschten. da redeten wir auch zum ersten mal über eine zeitschrift zur publikation von AS-forschungsergebnissen. ich machte den vorschlag und deutete an, daß ich vielleicht einen verleger dafür wüßte. die meisten waren dafür, dann spaß-

123

Materalien zum Werk
Arno Schmidt
Zettels Traum I
Lieferung 1/Sept. 72

ten wir über einen namen für die zeitschrift. analog zu ‹schwarzwald-bote› und ‹lahrer hinkender bote› und natürlich ‹wandsbekker bote› kamen wir auch, eher aus jux, auf BARGFELDER BOTE (ich weiß nicht mehr, wer es war), und auf jeden fall: ich hielt dann an dem titel fest und schlug ihn auch dem verleger dr. oesterhelt beim boorberg verlag/münchen (später dann: edition text + kritik) vor. den namen nahmen wir dann und ins impressum kam das majestätische ASDS. wichtig ist, daß wir zunächst mal den WAKE NEWSLITTER der joyceforschung uns zum vorbild nahmen, und das heißt: wir wollten zunächst keine aufsätze (oder nur ausnahmsweise) darin (= im BB) publizieren; ich dachte damals: die üblichen literaturkritischen oder literaturwissenschaftlichen aufsätze finden ihren platz schon in den üblichen zeitschriften; was wir brauchen, ist ein spezifisches organ für die kleinen aufschlüsselungen, wie sie eben bei FW und bei ZT anfallen und die natürlich erst in großer zahl dann ein interpretationsmuster ergeben können. [...]

ein bißchen waren wir ja doch wie george-jünger in der dorfkneipe, und der meister saß 80 meter weiter und wir wagten nicht, ihn zu stören. [...] kontakt zu schmidt bestand seitens des dechiffrier-syndikats nicht. [...] ich hörte, daß schmidt, nachdem die ersten ca. 10 lieferungen des BB erschienen waren, sagte: das sei ja alles viel zu wenig ... naja, natürlich war es ‹zu wenig›, aber wir fingen halt klein an, die hefte waren dünn und noch nicht so zahlreich, aber er verlangte ja immer das unmögliche, vor allem für sich selbst.»[376]

Das allmähliche Verschwinden des Autors im Werk

Zettels Traum hat Schmidt als Schriftsteller wenn nicht gerade populär, so doch bekannt gemacht, er wurde in den Spalten des Feuilletons zum Thema und in literarischen Kreisen zum Gesprächsstoff. Nur er selbst hielt sich vor den Augen der Öffentlichkeit verborgen. Nichts hatte er so ersehnt wie den Ruhm, jetzt, wo er da war, konnte er ihn nicht genießen, ertrug er ihn nur zähneknirschend. Es ging ihm, wie es oft einem Menschen geht, der einen Sieg errungen hat, er fühlt sich, nachdem die Anstrengung vorbei ist, enttäuscht. Freilich tritt die Enttäuschung bei Schmidt nicht sofort ein, und sie ist zunächst auch nicht so offenbar; noch Jahre später erinnert er sich an den ‹großen Tag›[377], als *Zettels Traum* fertig war. Im Grunde aber denkt er zu dieser Zeit schon lange nicht mehr an das Objekt selbst, an das erreichte, er erinnert sich nur noch an die Arbeit und daran, daß er sie überstanden und überlebt hat. Was immer das Erreichte vorher für ihn bedeutete, am Ende des Unternehmens scheint es ihm nichtig, denn er findet sich als das wieder, was er war, als Anhängsel und *schäbiger Rest*[378] eines Werks, mit dem er sich als Autor unsterblich machen, ja, mit dem er sein eigener Schöpfer werden wollte.

Schmidt erlebt jetzt ein Schicksal, das er sich schon früh prophezeit und dann immer nachdrücklicher auch gestaltet und erschrieben hat: das Alleinsein. In der Zeit um 1970 lösen sich nahezu alle seine freundschaftlichen Beziehungen auf: Zu Wilhelm Michels wird der Kontakt, nachdem es schon vorher Spannungen gab, Mitte des Jahres vollständig abgebrochen. Schmidt will, so sagt er seiner Frau, «mit den Leuten nichts mehr zu tun haben. [...] Michels seien ihm, und beide, die ganzen Jahre so frech gekommen.»[379] Vom 13. März 1969 datiert ein letzter, kurzer Brief an Hans Wollschläger, es gibt daraufhin nur noch einen Brief Wollschlägers an Schmidt vom 22. November 1972, danach bricht auch diese Beziehung ab. Gesprächsweise begründet Schmidt dies später damit, daß er das Gefühl gehabt habe, für Wollschläger zu einer Art Vaterfigur zu werden.[380] Im Sommer 1970 ist noch einmal Jörg Drews zu Besuch in Bargfeld, dann kam es – kurz nach dem Raubdruck von *Zettels Traum* – zum Krach, außer einem Gespräch im Jahre 1975 gibt es nun keine weiteren Kontakte mehr. Gegenüber Eberhard Schlotter zieht Schmidt in einem Brief vom 25. April 1971 die Frontlinie: *Deine ANNA LIVIA Mappe*, schreibt er Schlotter, der gerade eine Folge von Bildern zum Kapitel «Anna Livia Plurabelle» aus «Finnegans Wake» von James Joyce gestaltet hatte, *habe ich nun schon öfter besehen; und jedesmal mit ausgesprochen ‹gemischten Gefühlen› – Manches ist gut; zuweilen hatt' ich den Eindruck, Du solltest 2 Blätter in 1 zusammenziehen; am wenigsten ‹stimmt› das Blättchen vom ‹Makellosen›, (der ja sein Bruder, der Stanislaus sein soll). Es ist das alte Lied zwischen Uns, bezüglich des ‹Illustrierens› von Büchern – (...) – Du kennst mit dieser ANNA LIVIA 3% von ‹Finnegans Wake›: und schon setzen sich bei Dir Zeichenstift und Radiernadel in Bewegung. Das ist ein Schnellverfahren, vor dem ich nur immer wieder abwehrend die gespreizten Hände aufstellen kann:!–; das ist eben 1 der Unterschiede zwischen Uns, daß ich mir viele behutsame studienreiche Jahre bei einem sehr komplizierten Objekt*

Das Haus in Bargfeld. Foto: Arno Schmidt

nehme, (heiße das nun JOYCE, oder GUTZKOW, oder, eben jetzt, BULWER), bevor ich darüber, und sei es auch nur Weniges, sage; wogegen Du, und es ist diese Deine Art, Dich mit Neuem auseinanderzusetzen, abzufinden, relativ unverzüglich reagierst.[381] Schmidt schließt den Brief mit der Aufzählung eigener Arbeiten: *Die BULWER=Übersetzung wird zur Messe erscheinen, ein dikker Band./ (Im Mai wird nb die ‹Frau in Weiß› in 3 TV=Sendungen verpfietschert – ich schau mir's lieber nicht erst an!)/ Sylvester hab' ich einen neuen Roman angefangen; soll 700 S. kriegen; 460 hab ich schon fertich – im Juli schließ ich ihn ab – (ich will jetzt auch schneller arbeiten!). –*[382] Die Widersprüche zwischen seinen Prinzipien und seiner eigenen Arbeitsweise sind offensichtlich. Es kommt von seiten Schlotters noch zu einigen Versuchen, die Beziehung wieder aufzunehmen, aber Schmidts Reaktion bleibt bis kurz vor seinem Tod kühl und ablehnend.

‹Wieseneinsamkeiten› in der Bargfelder Umgebung. Im Vordergrund
als Schatten der fotografierende Arno Schmidt und Frau Alice

In der 1951 entstandenen Erzählung *Schwarze Spiegel* heißt es: *am
Ende werde ich allein mit dem Leviathan sein (oder gar er selbst).*[383] Jetzt
ist Schmidt allein, und er wird sich als jemand empfinden, für den das
Glück unmöglich war, der es aber auch bewußt ausgeschlagen hat, um
das zu verwirklichen, was Schopenhauer als einzige Alternative zum
Glück sah, einen heroischen Lebenslauf. Das ist natürlich kein Weg, sondern ein **Ausweg,** den Schmidt beschreitet, wo ihm alles andere versperrt
ist, wo er sich durch Freunde und Bekannte unverstanden und behindert
fühlt und sich von lauter Masken und Bohemiens umstellt glaubt, Leute,
die ihr Leben in den Schein setzen, während er sich von der Welt, von
ihren Lüsten und Lastern abgewandt hat und eine Ethik des Verzichts
praktiziert und fordert: ‹Man muß sich entscheiden, ob man leben will
oder ein Werk schaffen.› Dieser Satz wird jetzt zur Trennungslinie zwischen Schmidt und der Welt, zwischen dem Werkmenschen und allen an-

deren, die nur leben und wirken wollen. Das trifft seine Schriftstellerkollegen im allgemeinen, aber eben auch seine ehemaligen Freunde Hans Wollschläger und Eberhard Schlotter. Ein bißchen muß sich Arno Schmidt in dieser Zeit wie der alternde Jean-Jacques Rousseau gefühlt haben, umgeben von einer Welt von Feinden, konfrontiert mit einer verdorbenen Gesellschaft voller Lügen und Künstlichkeit, in der er der einzige ist, der gegen das eitle Geschwätz zu Felde zieht und der sich um so ‹echter› vorkommt, je weniger Verbündete er dabei hat.

Wenn Schmidt in seinen Spätwerken in geradezu possenhafter, sarkastischer Weise mit der Institution Ehe abrechnet und seinen Alter ego-Figuren die unschuldige Kindfrau zuordnet, während die geschilderten Ehefrauen zu üppigen Matronen ausgemalt werden, die sich im Alter streitsüchtig, intrigant und unbefriedigt gebärden, dann sind das nicht literarische Rollenspiele ohne jeden realen Hintergrund. Im Bargfelder Kosmos lebt das Ehepaar Schmidt in den letzten zehn Jahren nebeneinander her: Arno Schmidt, nach einem 1972 erlittenen schweren Herzanfall, im unteren Bereich des Hauses, Alice Schmidt in dem durch eine Falltür getrennten oberen Bereich. Für Notfälle gibt es zwischen beiden Stockwerken eine Neckermann-Wechselsprechanlage. Das Telefon wird

Alice Schmidt mit dem Ehepaar Knop

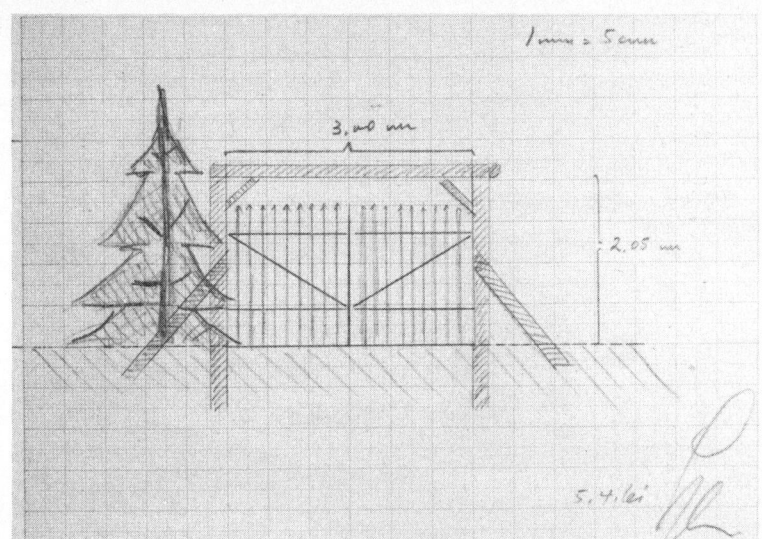

Entwurf Arno Schmidts für das Tor zu seinem Grundstück

1973 nach oben verlegt, weil Arno Schmidt das Klingeln nicht mehr ertragen kann. Besuch wird jetzt oft gar nicht mehr im Haus empfangen, sondern in einem neben dem Haus abgestellten Wohnwagen. Auch bei der Organisation des Haushalts konnte man sich weitestgehend aus dem Wege gehen, denn da beide Schmidts zeitlebens eine ausgesprochene Abneigung gegen alle Formen der Hausarbeit hatten – besonders Alice Schmidt konnte Kochen und Abwaschen nicht ausstehen und hatte dabei als Frau natürlich den schwereren Stand –, stellte man schon 1967 Frau Erika Knop als Haushälterin ein. Sie gehörte zu den ganzen wenigen Außenkontakten, die den Schmidts in den letzten Jahren noch verblieben waren. Die Selfmadeworld[384], die Schmidt – und Bernd Rauschenbach hat es in allen Einzelheiten gezeigt[385] – als ‹Designer› von Haus und Gartengrundstück, von selbstentworfenen Geräten, von Schmuckstücken für seine Frau bis hin zu einer eigenständigen Orthographie und literarischen Gedankenwelt entwirft, bekommt in den siebziger Jahren gespenstische Züge. Schmidt wollte die Welt ausschließen und in seiner eigenen leben, er muß sich dann aber bisweilen – ohne daran etwas ändern zu wollen und zu können – wie ein Eingeschlossener vorgekommen sein: D*as Tor ist verschlossn; die Kette davor –: Du kannsD nicht mehr hinaus; bist gefàngn*[386], so schildert Schmidts Alter ego Pagenstecher seine Situation.

Das Werk wird immer nachdrücklicher als Zeuge einer Entwicklung eingesetzt, mit der sich der Autor rückhaltlos in eine Gedankenwelt ab-

Arno Schmidt bei einem Ausflug mit dem Ehepaar Michels an die Eider, 1969

setzt, die abstruse, groteske und, was die Schilderung der triebhaft menschlichen Natur angeht, obsessive Züge annimmt. Pessimismus wäre darum ein Begriff, der zur Beschreibung des Schmidtschen Spätwerks wenig taugt, weil er viel zu euphemistisch und feinsinnig ist, denn auf eine irgendwie geartete Wirklichkeit sind diese monströsen Gedankenspiele gar nicht mehr angelegt.

Zu Recherchen für die *Schule der Atheisten* fahren Arno und Alice Schmidt 1969 mit dem Ehepaar Michels ein zweites Mal an die Eider nach Tönning und Tellingstedt. Es ist die letzte Fahrt mit den Michels und zugleich die letzte Fahrt, die Arno Schmidt aus Bargfeld herausführt. Hier, wie auch auf allen anderen Fahrten, werden viele Fotos gemacht, die Schmidt bei der Konzeption seiner Gedankenspiele als Erinnerungsstütze und als unbedingt notwendige Realitätspartikel braucht. Neben Fotos nehmen nun Bilder aus Katalogen und Illustrierten als Anregungsmittel der Phantasie einen immer wichtigeren Stellenwert für Schmidts Schreibprozeß ein. Es gibt im Archiv der Stiftung Ordner mit solchen Bildern, die Schmidt, parallel zu seinen Zettelkästen, im Prozeß der Materialsammlung anlegte. Viele Figuren im Spätwerk sind in Kleidung und Aussehen nicht der freien Phantasie des Autors entsprungen, sondern häufig wurden Modelle aus Versandhauskatalogen zu Vorlagen. So kommt es zu der Merkwürdigkeit, daß die Protagonisten im Outfit geradezu zeitgemäß wirken, aber Schmidt nach und nach jedes Gefühl dafür verliert, was und wie die Leute reden. Den Wechsel in der Beziehung von Realität und Imagination hat Schmidt in der *Schule der Atheisten* an einer Stelle thematisiert: ‹*warum & / ab wann, fragt sich dort sein Alter ego Schweighäuser, beginnt ein Dichter, Bilder als Vorlagen zu verwendn?*›: *(anstatt auf ‹wirkliche Erlebnisse› zurückzugreifn) – ist das eine reine AltersFrage?; oder aber eine von Temperament?/Constitution?; (dh ‹ist› Einer so; oder ‹wird› Jeder so?).*[387] Schmidt ist zweifellos durch seine Selbstisolation so geworden; natürlich hat er auch vorher schon Bilder als Absprungfläche ins Imaginäre benutzt, neu ist jedoch der systematische Charakter, mit dem er jetzt Bilder sammelt und in den Schreibprozeß einbezieht.

Dagegen verläuft, was die Darstellungsform angeht, zwischen *Zettels Traum* und der *Schule der Atheisten* ein regelrechter Bruch. Denn Schmidt dialogisiert und dramatisiert jetzt seine Bücher und gibt die zentrale Ich-Perspektive auf. Beherrschte vorher **ein** Erzähler das Geschehen, der in Gestalt und Wesen dem Autor zurechenbar war, so werden nun die Rollen auf verschiedene Protagonisten verteilt. Es entsteht ein umgrenzter Kreis von Figuren, die jeweils verschiedene Ich-Anteile des Autors repräsentieren und zusammengenommen so etwas wie eine Gesamt-Persönlichkeit bilden. Dadurch entsteht eine sehr viel facettenreichere und widersprüchlichere Konstellation als das auktorial dominierte Ich aus den vorhergehenden Büchern.

Gleichwohl tritt auch in den Spätwerken noch eine Figur in den Vordergrund, die das Autor-Ich in besonderer Weise verkörpert. In der *Schule der Atheisten* ist das William T. Kolderup. Formal ist er schon dadurch hervorgehoben, daß er der einzige ist, der sowohl in der Rahmenhandlung, die im Oktober 2014 in Tellingstedt und Sönderho auf Fanö spielt, als auch in der Binnenhandlung agiert, die im Hochsommer 1969 zunächst an Bord eines Schiffs und danach auf Spenser Island angesiedelt ist. Die Rahmenhandlung zeigt Kolderup als fünfundsiebzigjährigen Senator und Friedensrichter in einem Reservat an der Eidermündung: Europa ist im Jahre 2014 zerstört, und die Welt ist in zwei Einflußsphären aufgeteilt, in die des US-amerikanischen Matriarchats und die des chinesischen Patriarchats. Das Reservat ist der letzte Rest von Alt-Europa, hier wird, wie in einem Freilichtmuseum, die Kultur der Vergangenheit bewahrt. Auf diesem historischen Boden trifft sich nun die ‹ISIS› genannte Außenministerin der USA mit ihrem chinesischen Amtskollegen, beide mit allerhand Gefolge, um über einen neuen Duldungsvertrag zu beraten, denn der Erde droht Gefahr aus dem All. Am Rande geht es auch um die Zukunft des Reservats, das eigentlich als Luxusobjekt aufgegeben werden soll. Zum Schluß ist es Kolderup, der in beiden Fällen mit List und Geschick die Verhandlungen zum Erfolg führt und damit die letzten Reste einer absterbenden Kultur vorerst vor dem Untergang bewahrt; doch von Dauer ist das nicht: ‹*WIR WERDEN SCHEITAN!*›[388], heißt es am Ende.

Mit dieser Rahmenhandlung verknüpft ist ein Zwischenspiel, das von der Reise dreier Atheisten erzählt, die sich 1969 auf einem Schiff im Pazifischen Ozean aufhalten. Einer dieser Atheisten ist wiederum Kolderup, jetzt aber im Alter von 30 Jahren. Mit im Boot sitzen ein Missionar und eine Missionarin, die sich als die Mutter der ISIS entpuppt. Infolge eines Schiffbruchs werden sie auf eine Insel namens Spenser Island verschlagen. Die Erfahrungen und Erlebnisse auf dieser Insel sind als Härtetest und Prüfung auf die ‹wahre› atheistische Gesinnung, auf das standhafte Leugnen jeder göttlichen Weltordnung angelegt. Während Kolderup allen Anfechtungen widersteht, zeigt sich der Vertreter des Salon-Atheismus, Prof. Butt, gen. Scheibe aus der DDR, den Prüfungen nicht gewachsen. Er geht den Missionaren, die im Auftrag amerikanischer Hintermänner arbeiten, auf den Leim und bekennt sich schließlich zum Christentum. Die Fabel vom scheinbaren Schiffsuntergang und ‹gefahrvollen› Inselaufenthalt entnimmt Schmidt einem Roman Jules Vernes, «Die Schule der Robinsons». Im Zusammenhang der Rahmenhandlung greift Schmidt noch einmal auf Verne, diesmal auf Paul Verne, einem Bruder des berühmten Schriftstellers, zurück, der einen Reisebericht geschrieben hat: «Von Rotterdam bis Kopenhagen», und darin unter anderem die Eider-Landschaft beschreibt.

Ein erster, oder besser: ein nach den Planungen Anfang der sechziger Jahre erneuerter Entwurf der *Schule der Atheisten* trägt die Datierung *begonnen: 31.12.70 2h 36m*[389]. Es handelt sich dabei um eine achtzehn Seiten starke Fassung, mit noch stark erzählerischen Zügen, die in der Endfassung aufgelöst und dialogisiert erscheinen. Schmidt schreibt bis zum Sommer 1971 an den 271 Seiten im Format DIN A 3, das Buch erscheint dann im März 1972. Die *Schule der Atheisten* löste bei Rezensenten und Kritikern – jedenfalls bei denen, die Schmidt Sympathie entgegenbrachten – ein spürbares Aufatmen aus. Denn die *Schule der Atheisten* war nach *Zettels Traum* gewissermaßen ein Kontrapunkt; «an die Stelle der Anstrengung», so frohlockte Jörg Drews in einer Besprechung, «tritt die Grazie, das Kunststück an die Stelle des Kraftakts»[390].

Schmidt setzte zu dieser Zeit seine Übersetzungsarbeit fort. Schon bevor er die Niederschrift zur *Schule der Atheisten* anfing, beendete er im Oktober 1970 eine Übersetzung des Romans «Was wird er damit machen» von Edward Bulwer-Lytton. In einem Brief an Andersch vom 8. März 1972 berichtet Schmidt von neuen Arbeiten: *Seit vergangnem Herbst übersetze ich wieder mal; einen weiteren, noch um 40% dickeren, BULWER, Titel ‹Dein Roman› – ich hoffe, im Feb 73 mit den 2.000 Seiten fertig zu sein. / Anschließend sind 2 lit. Dialoge vorbereitet, (die ergo schnell gehen werden). /Und dann ist wieder ein eignes=neues Büchlein, in Gerüst und ZettelFüllung, so weit, daß ich im Sommer 73 damit beginnen kann; wird heißen ‹Abend mit Goldrand›. / Das ist eigentlich alles. (Mein ‹Befinden› ist der Nachfrage nicht mehr sonderlich wert; ich merk' das Alter doch schon beträchtlich.)*[391]

Schmidts gesundheitlicher Zustand ist 1972 auf einem Tiefpunkt ange-langt, die Herzanfälle häufen sich und nötigen ihn immer wieder zu Un-terbrechungen im Arbeitsrhythmus. Als dann im Juli 1973 die Nachricht von der Zuerkennung des mit 50 000 DM dotierten Goethe-Preises an Arno Schmidt bekannt wird, trifft diese Auszeichnung einen gesundheit-lich angeschlagenen Schriftsteller, der solche Ehrungen zeitlebens er-sehnt hatte und der insbesondere vom materiellen Erfolg träumte. Doch jetzt, mit 59 Jahren, glaubt er sich am Ende und hält dem Triumph jenes ‹Zu spät!›[392] entgegen, von dem er sein ganzes Leben bestimmt sah. Ein Zu-spät-Gekommener zu sein, das war sein Trauma, mit dem er sein ver-gangenes und gegenwärtiges Dasein zu erklären versuchte, mit dem er aber vor allem auch sein unsägliches Arbeitstempo, sein Getriebensein rechtfertigen wollte.

Nach Bekanntgabe des Preisträgers wird in den Sommermonaten 1973 Bargfeld zum Wallfahrtsort für die Medien, und da Schmidt sich abwei-send wie immer zeigt, werden vom Gemischtwarenhändler Bokelmann über den Gastwirt Wilhelm Bangemann bis zum einfachen Bauern die Bargfelder über ‹ihren› Schmidt ausgefragt. Den Preis nimmt am 28. Au-gust in der Frankfurter Paulskirche Alice Schmidt in Vertretung ihres Mannes entgegen, der auf ärztlichen Rat hin die Teilnahme absagen muß. Für die Laudatio war ursprünglich Alfred Andersch vorgesehen, der lehnt aber mit dem Hinweis ab, er wolle «nicht künftig zum Festredner werden»[393]; die Rede hält schließlich Professor Lars Clausen.

Einen wahren Proteststurm entfacht später in den Medien die bei der Verleihungszeremonie von Alice Schmidt vorgelesene Dankesrede. Un-geniert ließ er seine Haßtiraden gegen alles, was nach Zeitgeist roch, los und pries seine eigenen Lebensmaximen, sein Ethos; er scheute sich auch nicht, seine Borniertheiten noch als Tugenden zu deklarieren: *ich weiß, als einzige Panacee, gegen Alles, immer nur ‹Die Arbeit› zu nennen*[394]. An dieser Aussage ist zunächst nichts, worüber man sich aufregen müßte – die Orientierung aller Lebensvollzüge auf die Arbeit ist im Falle Schmidt eine biographische Tatsache und, wenn man will, das Eingeständnis einer Deformation; unerträglich wird die Sache, wenn Schmidt im zweiten Teil verallgemeinernd hinzufügt: *was speziell das* (die Arbeit) *anbelangt, ist unser ganzes Volk, an der Spitze natürlich die Jugend, mit nichten überar-beitet, vielmehr typisch **unter**arbeitet: ich kann das Geschwafel von der ‹40=Stunden=Woche› einfach nicht mehr hören: **meine** Woche hat immer 100 Stunden gehabt.*[395]

In der Öffentlichkeit kamen solche Aussagen als Provokation an, und sie mußten freilich so wirken; sie sind aber auf der anderen Seite auch Beleg für einen tief verunsicherten Schriftsteller, der in diesen Jahren in Frage gestellt sieht, woran er sein ganzes Leben geglaubt hat, daß näm-lich die Opfer, die jemand erbringt, über den Wert eines Kunstwerks entscheiden. In dem zur selben Zeit in Vorbereitung befindlichen Typo-

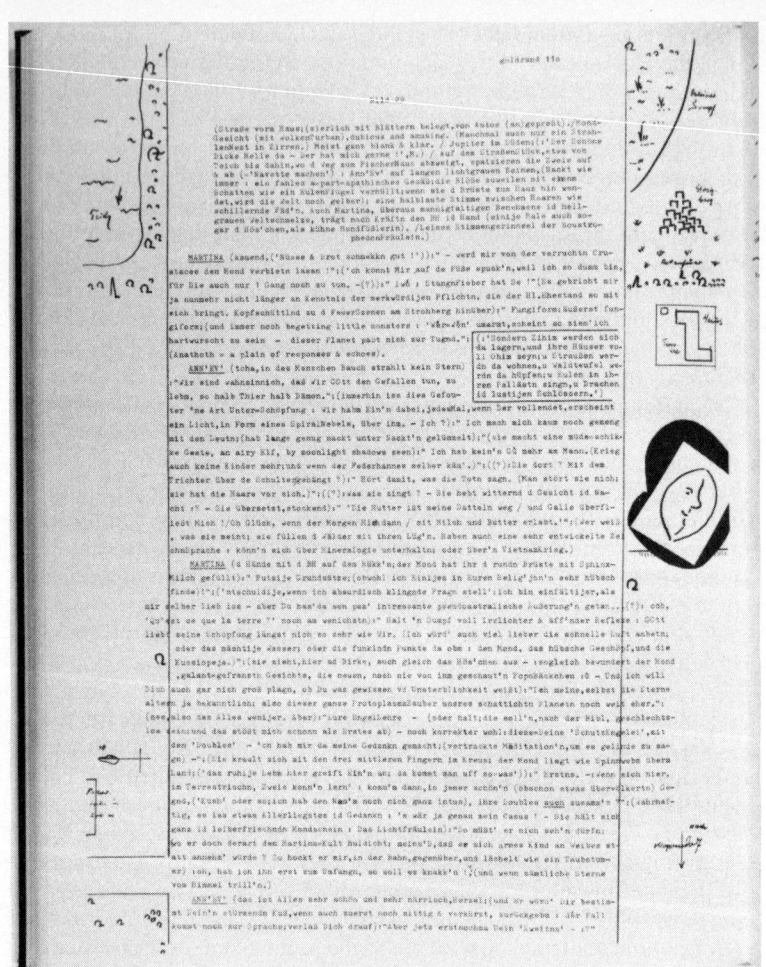

Seite aus *Abend mit Goldrand*

skript-Roman *Abend mit Goldrand* werden im Grunde Themen aufgegriffen, die auch in der Dankesrede eine Rolle spielen: Schmidts Befürchtungen vom Untergang der kulturellen Tradition, von der Erosion des Leistungsprinzips, von der Zerstörung gesellschaftlicher Identität durch Randgruppen und sein Bild vom Menschen als ein häßliches Sexmonster, doch werden sie im Werk mit Distanz, Leichtigkeit und Gelassenheit behandelt.

Im Untertitel spricht Schmidt von einer *MärchenPosse*. Ort der Handlung ist ein Heidedorf im Oktober 1974, wo in das geordnete Leben einer Hausgemeinschaft, bestehend aus drei älteren Herren, zwei Frauen im mittleren Alter und einem heranwachsenden Mädchen, eine sektiererische Hippiegruppe, die Bussiliatische Rotte, für drei Tage einbricht, bevor sie nach Tasmanien weiterzieht. Zu den Hauptfiguren zählt der greise Kulturmelancholiker A&O Gläser und ein rätselhaftes Wesen aus einer Zwischenwelt namens Ann‹Ev›, die der Rotte vorsteht und die Fähigkeit hat, in Hieronymus Boschs Gemälde vom «Garten der Lüste» herumzuwandeln. Zwischen dieser Ann‹Ev› und A&O entspinnt sich eine Liebe, die ganz ähnlich ist wie die zwischen Pagenstecher und Franziska aus *Zettels Traum*. Im letzten Drittel des Romans – die Hausgemeinschaft ist auseinandergebrochen und die beiden Frauen und der pensionierte Bibliotheksrat Olmers (die lust- und triebbestimmte Seite Schmidts) haben sich der Hippiegruppe angeschlossen – entschweben A&O und Ann‹Ev› für ein kurzes Glück auf eine silberne Wolkeninsel. Das alles ist in einer sentimentalen Stimmung und in oft schmerzvoll-schönen Bildern erzählt. Possen- und märchenhaft ist auch das Ende des Romans: Ann‹Ev› zieht mit der Rotte und ihren neuen Anhängern weiter, zurück bleiben die Rest-Hausgemeinschaft und der entsagungsvoll liebende A&O, der jetzt hundert Jahre auf seine Ann‹Ev› warten muß.

Mehr noch als die Melancholie und die aufgegriffenen Themen deuten die in *Abend mit Goldrand* montierten autobiographischen Teile auf die Lage des Autors zur Entstehungszeit des Werks hin, denn in einer analytischen Selbstschau stellt Schmidt hier zum erstenmal seine Kindheit und Jugend dar, und er tut dies, indem er sein Schicksal delegiert und auf zwei Figuren verteilt: A&O Gläser erzählt die Hamburger Kindheit bis 1928 und Olmers die Jugend in Schlesien. Damit nicht genug: Schmidt imaginiert sich in der Gestalt des Martin Schmidt als Dichter-Jüngling und schreibt ihm, dem gerade Achtzehnjährigen, die Erzählung *Pharos oder von der Macht der Dichter* zu. Lenz Prütting spricht in diesem Zusammenhang zu Recht von einer «Wunschbiographie», mit der Schmidt «die Korrektur der eigenen ästhetischen Erziehung»[396] betreibt. Und es darf darüber spekuliert werden, ob die Gefühle und Empfindungen, die bei der Schilderung der Kindheit in *Abend mit Goldrand* freigesetzt werden, nicht im Zusammenhang stehen mit dem Tod der Mutter am 17. Oktober 1973: ob nicht erst jetzt eine Abrechnung mit dieser Zeit möglich wird, wo jene Haß-Liebe, die ihn band, aufgelöst war. Wer diesen Text liest, hat den Eindruck, daß hier jemand mit dem Skalpell arbeitet, um die Kindheit wie eine Wucherung aus sich herauszuschneiden und nach getaner Arbeit entsetzt feststellt, wie wenig übrigbleibt: *merkwürdig, daß ich nicht das Gefühl habe ‹erwachsen›, geschweige denn ein Greis, zu sein. Ich komme mir eigentlich wie ein (intelligentes) Kind vor*[397], sagt dann im Fragment gebliebenen Roman *Julia, oder die Gemälde* Schmidts Alter ego Jhering.

Schon in *Abend mit Goldrand* sahen viele Kritiker einen Abgesang, einen Roman, der im Bewußtsein geschrieben sei, daß nun nichts mehr kommen würde. Mit der Lage des Autors stimmt das nicht ganz überein, der steckt nämlich – bei aller Trauer und allen Gefühlen von Vergeblichkeit, die seine Bücher durchziehen – noch voller Pläne und Projekte. 1975 beginnt Schmidt mit der riesigen Übersetzungsarbeit an der «Littlepage-Trilogie» von James F. Cooper. Auch am Bargfelder Kosmos ändert sich noch einmal etwas. Schmidt plant 1977 die Errichtung eines Archivbaus mit feuerfesten Außenwänden und mit Sicherheitsglas. Bei der Konstruktion und Bauweise spielten die ausgedehnten Wald- und Heidebrände im August 1975 eine Rolle, die auch Bargfeld bedrohten und Schmidt dazu brachten, einen Teil seiner Bücher und Papiere zeitweise auszulagern.

Eher zufällig macht Schmidt dann im Juli 1977 die Bekanntschaft mit Jan Philipp Reemtsma. «Eines Tages», so berichtet Reemtsma, «bin ich einfach nach Bargfeld gefahren, um Schmidt das Angebot zu machen, ihn finanziell so zu unterstützen, daß sich seine Gesamtsituation so änderte, daß er eben sich auf sein eigentliches Werk konzentrieren könnte. [...] An einem Badeteich habe ich ihn dann mit seiner Frau getroffen, angesprochen und ihm dieses Angebot gemacht. Was er übrigens nicht etwa sofort angenommen hat. Vielmehr haben wir uns lange unterhalten, und er hat es auch immer, und das scheint mir eigentlich das Wichtige dabei zu sein, als eine Unterstützung eines bestimmten literarischen Vorhabens verstanden, nämlich seines Buches *Lilienthal*.»[398]

Der immer wieder geäußerte Wunsch Schmidts und vieler seiner Protagonisten, frei von finanziellen Zwängen schreiben zu können, wird so – spät, aber immerhin – Wirklichkeit. Es gehört zu den merkwürdigen Zügen in Schmidts Leben, wie die Literatur und die darin beschriebenen Wünsche und Hoffnungen schließlich doch über das Leben triumphieren. Anfang der sechziger Jahre schreibt Schmidt in einem kleinen Essay: *Darauf freue ich mich schon sehr: wenn einmal, irgendwann-einmal, ein Mäzen-oder-so auftauchen wird; der mir ‹um-meiner-selbst-willen› (...) eine monatliche Rente von, nu, sagen wir, 500 Mark ‹auswirft›; und ich dann – ach, es fallen einem gleich Ausdrücke wie ‹Lebensabend› ein, und ‹buntgeblümter Schlafrock›.*[399]

Die äußeren Lebensverhältnisse sind nun gesichert und Schmidt kann an ein neues Buch denken. Aber nicht *Lilienthal*, sondern *Julia, laß das!* steht als Arbeitstitel auf dem Entwurf vom 25. März 1977. Das 1983 von der Arno Schmidt Stiftung herausgegebene Fragment *Julia, oder die Gemälde* umfaßt 100 großformatige Seiten, Schauplatz ist *eine Art Bückeburg* im Sommer 1979, das Finale – es ist nicht mehr realisiert – soll im Spätherbst 1990 spielen. Im Mittelpunkt steht eine Gruppe von Feriengästen aus dem Hotel ‹Fürstenhof›: Jhering, ein greiser, gesundheitlich angeschlagener Schriftsteller, Rauch, ein vitaler Studienrat, das Ehepaar

Arno Schmidt, April 1979

Kühne, die das Bild einer ausgelebten Ehe abgeben, ihr Sohn Nino, der
auf Jherings Anregung hin mit Hilfe eines Taschencomputers Logarithmen nachrechnet, die Schlangenfrau Sheila Wangel, die Schülerin «Tau-
sendeins» und schließlich die halbwüchsige Julia aus einem Gemälde des
holländischen Malers Jan Mytens. Wieder wird in diesem Buch über Gott
und die Literatur gestritten, denn die Welt ist eigentlich nicht mehr da.
Das heißt, Schmidt entlarvt sie als eine einzige Groteske, als eine Karika-
tur, die mit dem Leben nichts mehr zu tun hat: *die Welt der Kunst & Fan-
tasie ist die wahre, the rest is a nightmare*[400], sagt Jhering an einer Stelle.
Hatten schon in den vorhergehenden Werken die Ressentiments und Vor-
urteile Schmidts einen kritischen Punkt erreicht, so überschreitet er mit
Julia die Schmerzgrenze; nichts mehr von Wortwitz ist da zu spüren, sondern häufig nur noch Bösartigkeit. So wenn er etwa den Charakter seiner
Figuren festlegt: *1) Mutter Hedwig (‹Hedda›)/(48) mittelgroß, üppig, geil/
Lektüre Thesmar; 2) Sohn Nino/(19) sitzengebliebener Primaner, lange
Haare kurzer Verstand/Lektüre Niveau ‹Winnetou›.*[401]
   Ein zentrales Thema in *Julia* ist der Gedanke der Perichorese. Schmidt
meint damit die wechselseitige Durchdringung von Realität und Fiktion
außerhalb jeder Raum-Zeit-Beziehung. So wie Julia aus einem Bild her-
austritt, so soll Jhering am Ende in einem Gemälde verschwinden. Ein

schöner Schluß: der Schriftsteller entfernt sich aus der Realität und verschwindet im Werk.

Schmidts eigener Abgang war nicht ganz so vollendet und klassisch, wie er ihn sich für sein Alter ego ausgemalt hatte; auf der anderen Seite kann man aber auch nicht sagen, er wäre nicht so gestorben, wie er sterben wollte. In einem Zeitungsbeitrag schreibt er 1964: *einen ‹Lebensabend› gedenke ich nicht zu verbringen; hoffe vielmehr in meinen Stiefeln zu sterben, die Finger auf den Tasten meiner Schreibmaschine.*[402]

Schmidts gesundheitlicher Zustand verschlechtert sich seit Anfang 1978 rapide: *Ich vegetiere,* schreibt er am 24. Januar 1978 an Andersch, *nur noch mit HerzAnfällen & 30 Tabletten am Tage.*[403] Anfang 1979 kommen linksseitige Lähmungserscheinungen hinzu; darauf Bezug nehmend schreibt Schmidt an Andersch, sein Krankheitsbild sei im ersten Absatz des Dickens-Funkdialogs *unangenehm genau*[404] beschrieben. Es ist seltsam anzusehen, wie Schmidt und Andersch, diese so gegensätzlichen Temperamente, die sich voneinander schon weit entfernt hatten, am Ende ihres Lebens wieder zusammenkommen und voller Sympathie und Mitgefühl füreinander sind. Der letzte Brief an Andersch stammt vom 22. Januar 1979. Mit Betroffenheit liest man dort, wie ein Mensch, der nur im Schreiben ‹ganz› und wirklich er selbst sein konnte, bekennt, daß er *immer weniger Lust* [405] dazu verspüre, und geradezu dankbar greift er Anderschs Andeutung über einen geplanten Besuch in Bargfeld auf: *das wäre natürlich arg schön, Alfred! (Ich habe mir eine feuerfeste Camera obsc$_{\overset{ur}{o}}$a bauen lassen; da können Wir sitzen und die Welträtsel über die Schulter ansehen, oder nach Herzenslust mit der Regierung schmollen.)*[406]

Zu einem Besuch kommt es nicht mehr. Bis zuletzt arbeitet Schmidt an *Julia.* Am Abend des 31. Mai schreibt er den Satz: *‹Iss Fleiß ’ne Tugend?› / (Müßte man erst noch eine andre Frage davorschalten): ‹Ist Fleiß für Menschen & Tiere eine einfache (Lebens) Notwendigkeit?›*[407] In der Nacht erleidet Schmidt einen Gehirnschlag und stirbt am 3. Juni 1979 im Krankenhaus Celle.

Anmerkungen

Die Werke Arno Schmidts werden, soweit möglich, immer nach der «Bargfelder Ausgabe» (BA) zitiert (römische Zahlen beziehen sich auf die Werkgruppe, arabische auf den Band und die Seite). Häufig zitierte Werke werden mit Siglen abgekürzt, die den Siglen zugehörigen Buchtitel sind der Bibliographie zu entnehmen. Die Sigle BB steht für die Zeitschrift «Bargfelder Bote».

1 Gespräch mit Wilhelm Michels. In: BB, Lfg. 83–84/Oktober 1984, S. 5
2 BA I/2, 204
3 Kaiserliche Marine – Deutsche Seewarte: Wetterbericht Jg. 39, Nr. 18 vom Sonntag, den 18. Januar, und Nr. 19 vom Montag, den 19. Januar 1914 (Seewetteramt Hamburg)
4 Ebd.
5 Arno Schmidt: Eines Hähers: «TUÉ!» und 1014 fallend. In: Uwe Schultz (Hg.): Das Tagebuch und der moderne Autor. München 1965, S. 124
6 Volker Ullrich: Kriegsalltag. Hamburg im ersten Weltkrieg. Köln 1987, S. 13
7 DG 29
8 BA I/1, 60
9 Sigmund Freud: Über Psychoanalyse. Gesammelte Werke. VIII. Bd. Frankfurt a. M. 1964, S. 12
10 Hans Wollschläger: Die Insel und einige andere Metaphern für Arno Schmidt. In: Arno Schmidt Preis für Hans Wollschläger. Arno Schmidt Stiftung, Bargfeld o. J., S. 25
11 Porträt, 160
12 Ebd., Anmerkung S. 181
13 Ebd.
14 Ebd.
15 AmG 160 u.
16 BA I/4, 380
17 Vgl. G. W. F. Hegel: Vorlesungen über die Ästhetik II. Theorie-Werkausgabe, Bd. 14. Hg. von Eva Moldenhauer und Karl Markus Michel.
18 AmG, 160 o.
19 Porträt, Anmerkung S. 197
20 Ebd., S. 195
21 Ebd., S. 345
22 Ebd., S. 166
23 Ebd., S. 186
24 Ebd., S. 198
25 Ebd., S. 190
26 Ebd., S. 176
27 Ebd.
28 Ebd.
29 Ebd., S. 197
30 Ebd.
31 Ebd., S. 198
32 «Wu Hi?», 18
33 Porträt, 184
34 AmG 162 o.
35 Ebd.
36 Ebd.
37 Ebd.
38 AmG 162 u.
39 Porträt, 202
40 «Wu Hi?», 14
41 Ebd., S. 17
42 VzZT 4
43 VzZT 12
44 Julia 87 u.
45 Porträt, 141
46 Ebd.
47 Ebd., S. 146
48 TbZ 326
49 BA I/4, 374
50 Porträt, 149
51 Ebd., S. 176
52 Ebd., S. 181
53 AmG 170 u.

Frankfurt a. M. 1970, S. 211

54 Porträt, 146
55 Ebd.
56 BA I/4, 377
57 BA I/4, 378
58 BA I/4, 380
59 BA I/4, 366
60 Porträt, 178
61 AmG 167 o.
62 Porträt, 173
63 AmG 161 m.
64 Porträt, 186
65 AmG 168 u.
66 Porträt, 173
67 Ebd., S. 180
68 Ebd., S. 188
69 Ebd., S. 184
70 Ebd., S. 201
71 Vgl. ZT 615 or.
72 Porträt, 150
73 BA I/4, 361
74 Jean-Paul Sartre: Der Idiot der Familie. II. Personalisation. Reinbek 1977, S. 24
75 Ebd., S. 11
76 BA I/1, 67
77 Porträt, 155
78 Ebd., S. 206
79 Ebd., S. 207
80 BWM 318 ff.
81 Julia 5 o.
82 Porträt, 149
83 «Wu Hi?», 31
84 Porträt, 12
85 Ebd., S. 128
86 AmG 108 m.
87 «Wu Hi?», 242; vgl. auch Rudi Schweikert: Arno Schmidts Lauban. München 1990, S. 29
88 «Wu Hi?», 242
89 «Wu Hi?», 36
90 BA II/1, 281
91 «Wu Hi?», 44
92 «Wu Hi?», 33
93 «Wu Hi?», 43
94 BA II/2, 302
95 Pressemitteilung des Rowohlt Verlags (1950). In: Drews/Bock (Hg.), S. 9
96 Arno Schmidt: Brief an den Oberkreisdirektor des Landkreises Celle. In: AS 1914–1979, S. 90
97 «Wu Hi?», 13
98 Jörg Drews: Verschwärmter Baumeister eines «Inneren Reiches». In: Süddeutsche Zeitung, Nr. 14 vom 18. Januar 1989
99 BA I/1, 302
100 «Wu Hi?», 55–56

101 BA I/4, 241
102 BA I/1, 367
103 BA I/1, 385
104 «Wu Hi?», 166
105 «Wu Hi?», 63
106 Arno Schmidt: Brief an Kasimir Edschmid. In: AS 1914–1979, S. 150
107 BA I/4, 230
108 BA II/2, 298
109 «Wu Hi?», 150
110 «Wu Hi?», 71
111 Klaus Theweleit: Objektwahl (All You Need Is Love ...). Basel, Frankfurt a. M. 1990, S. 9
112 «Wu Hi?», 140
113 Theweleit: Objektwahl, S. 42
114 «Wu Hi?», 71
115 «Wu Hi?», 97
116 «Wu Hi?», 109
117 BA II/2, 401
118 Jörg Drews: «Wer noch leben will, der beeile sich!» Weltuntergangsphantasien bei Arno Schmidt (1949–1959). In: Gunter E. Grimm, Werner Faulstich und Peter Kuon (Hg.): Apokalypse. Weltuntergangsvisionen in der deutschen Literatur des 20. Jahrhunderts. Frankfurt a. M. 1986, S. 14
119 Vgl. Sartre: Der Idiot der Familie. IV. Objektive und subjektive Neurose. Reinbek 1979, S. 167 ff.
120 «Wu Hi?», 87
121 BA II/2, 150
122 Arno Schmidt: Brief an Kasimir Edschmid. In: AS 1914–1979, S. 146
123 Bertolt Brecht: Das Badener Lehrstück vom Einverständnis. Versuche 4–7. Berlin 1930, S. 300 ff.
124 «Wu Hi?», 212
125 BA II/2, 289
126 BA I/1, 140
127 BA I/1, 380 ff.
128 Vgl. Bernd Rauschenbach: Doppelexplosion bei Arno Schmidt. In: Sprache im technischen Zeitalter, 1977, H. 61, S. 83 f.
129 AmG 190 m.
130 BA I/4, 632
131 BA I/1, 355
132 ZT 526 rm.
133 Hermann Hesse: Arno Schmidts «Leviathan». In: Drews/Bock (Hg.), S. 7
134 BA I/1, 48
135 AS 1914–1979, S. 90

136 Vgl. BWSt, 19
137 ÜAS I, 22
138 ZT 339 mu.
139 A. P. Eismann: Köpfe der Hansestadt: Arno Schmidt. In: Drews/Bock (Hg.), S. 13–14
140 Prozesse, 61
141 Walther Kiaulehn: Mein Freund der Verleger. Ernst Rowohlt und seine Zeit. Reinbek 1967, S. 244
142 ÜAS II, 112
143 Kiaulehn: Mein Freund, S. 244
144 AS 1914–1979, S. 59
145 «Wu Hi?», 17
146 Prozesse, 66
147 Kiaulehn: Mein Freund, S. 244
148 Vgl. Schlemmen mit Rowohlt. Tagebuchaufzeichnung vom 24. Oktober 1950 von Alice Schmidt. In: Die Rübe Nr. 1, 1988, S. 118 ff.
149 Werner Helwig: Erinnerungen an Arno Schmidt. In: Der Rabe Nr. 5, 1984, S. 217
150 Jean-Paul Sartre: Das Sein und das Nichts. Reinbek 1982, S. 357
151 Mündliche Mitteilung von Ernst Krawehl (11. Dezember 1990)
152 Arno Schmidt: Antworten auf Fragen der ‹Zeit›. In: Der Rabe Nr. 5, 1984, S. 213
153 Vgl. Bernd Rauschenbach: Arno Schmidt & Design. Darmstadt 1990, S. 13
154 Mario Vargas Llosa: Die ewige Orgie. Reinbek 1980, S. 89
155 Wundertüte, S. 139
156 BA II/1, 289
157 BA II/2, 78
158 Martin Walser: «Die Umsiedler». Süddeutscher Rundfunk, 23. Februar 1954. In: Arno Schmidt: Die Umsiedler; Alexander oder was ist Wahrheit? Frankfurt a. M. 1990, S. 76
159 Lebensgeschichte des Baron Friedrich de La Motte Fouqué. Aufgezeichnet durch ihn selbst. Halle 1840, S. 28
160 BA I/1, 198
161 BA I/1, 27
162 BA I/1, 202
163 BA I/1, 202
164 BA I/1, 211
165 BA I/1, 225
166 BA I/1, 225
167 BA I/1, 221
168 BA I/1, 203
169 BA I/1, 259
170 Mündliche Mitteilung von Bernd Rauschenbach
171 Tagebuchaufzeichnungen Alice Schmidts, ausgewertet im Editorischen Nachwort zur Entstehung der Trilogie Nobodaddy's Kinder. In: Arno Schmidt: Nobodaddy's Kinder. Zürich 1991, S. 245 ff.
172 Vgl. BA II/1, 420 (Anhang)
173 Wundertüte, 216 (Nachwort)
174 Wundertüte, 221
175 Ebd.
176 R&P, 297
177 Editorisches Nachwort zur Entstehung der Trilogie, S. 246
178 AS 1914–1979, S. 63
179 BA I/4, 66
180 AmG 61 m.
181 Editorisches Nachwort zur Entstehung der Trilogie, S. 247
182 Ebd.
183 Ebd.
184 Ebd.
185 Arno Schmidt: Antworten auf Fragen der ‹Zeit›. In: Der Rabe Nr. 5, 1984, S. 212
186 BWSt, 30
187 Tagebuchnotiz Arno Schmidts. In: Der Raben-Kalender für das Jahr 1991 (Juli)
188 DE, 72
189 BA I/1, 255
190 BA I/1, 168
191 ‹Wallflower›, 45
192 Wundertüte, S. 214 (Nachwort)
193 ZT 928 mu.
194 Zahlenangaben aus Wolfgang Rasch: Arno Schmidts Zeitungsartikel. Frankfurt a. M. 1988, S. 7
195 Wolfgang Koeppen: Gedanken und Gedenken. In: Arno Schmidt Preis für Wolfgang Koeppen. Arno Schmidt Stiftung, Bargfeld o. J., S. 19
196 DG 30
197 BWSt 24
198 Arno Schmidt: Des Dichters Brotarbeit. In: Neue Hannoversche Presse, 23. Februar 1956
199 DG 30
200 BWSt 13
201 BWM 10
202 BA II/1, 299
203 Schmidt. Brief an Johannes Schmidt. In: BB, Lfg. 115/Juni 1987, S. 17
204 BA I/1, 258
205 Alfred Döblin: Brief an Arno Schmidt vom 15. Oktober 1953. In: Alfred Döblin 1878–1978. München

1978, S. 513–515
206 BA I/2, 128
207 Briefliche Mitteilung: Bernd Rauschenbach vom 1. Februar 1991
208 BAA 46 (Anmerkung des Hg.)
209 BAA 8 (Anmerkung des Hg.)
210 Stephan Reinhart: Alfred Andersch. Zürich 1990, S. 202
211 ZT 508 ro.
212 ZT 725 mu – 726 mo.
213 Reinhart: Andersch, S. 500
214 Ebd.
215 Vgl. Jürgen Manthey: «Als wäre ich 5 Meter hoch» / Von der ‹wahren› ‹Größe› Arno Schmidts. In: Arnold, Heinz Ludwig (Hg.): Arno Schmidt. München 1986, 4. Aufl.: Neufassung, H. 20/20 a, S. 7–25
216 BWM 7
217 BWM 8
218 BWM 8
219 BWM 9
220 BAA 16 (Anmerkung des Hg.)
221 Editorisches Nachwort zur Entstehung der Trilogie, S. 248
222 AS 1914–1979, S. 132
223 Ebd., S. 133
224 Ebd.
225 BA I/1, 399
226 BAA, 19 (Anmerkung des Hg.)
227 R&P 284
228 R&P 284
229 R&P 290
230 R&P 291
231 Wolfgang Koeppen. Antwort auf eine Umfrage: Der Roman, der nichts erzählt. In: Koeppen, Gesammelte Werke in sechs Bänden, Bd. 5. Frankfurt a. M. 1986, S. 249
232 BAA 21
233 BAA 21
234 BAA 19–20
235 DG 29
236 BA I/1, 134
237 Tagebuchnotiz Alice Schmidts aus: Josef Huerkamp: «die dünne Nabelschnur». Neue Ansichten vom «Steinernen Herzen». In: Zettelkasten 8. Hg. von Friedhelm Rathjen. Frankfurt a. M. 1990, S. 132
238 DE 74
239 DE 11
240 Angaben aus: Huerkamp: «die dünne Nabelschnur», a. a. O., S. 141
241 Ebd.
242 Rasch: Arno Schmidts Zeitungsartikel, a. a. O., S. 43 ff.

243 R&P 283
244 BA I/4, 70
245 Rasch: Arno Schmidts Zeitungsartikel, a. a. O., S. 46
246 Ebd., S. 36 a (Tabelle)
247 BAA 48
248 BAA 49
249 BWSt 17
250 BWM 28
251 BWM 28
252 BWM 20 (Anmerkung des Hg.)
253 BWM 317 (Auszug aus Alice Schmidts Tagebuch)
254 BAA 53
255 BAA 61
256 BAA 66
257 BAA 63
258 BAA 63
259 Arno Schmidt: Ein Toast für Nummer 104. Rowohlts ‹Bild-Monos› starten die biographische Forschung über Karl May. In: Die Welt, 15. Mai 1965
260 Mündliche Mitteilung von Ernst Krawehl (11. Dezember 1990)
261 Vgl. Brigitte Hackh: Gespräch mit Max Bense und Elisabeth Walther. In: BB, Lfg. 89–90/April 1985, S. 6 ff.
262 Arno Schmidt: Brief an Max Bense, zitiert aus: Rauschenbach: Arno Schmidt & Design, a. a. O., S. 25
263 Brief Eberhard Schlotters, zitiert aus: Günther Flemming: Letternspuren. Arno Schmidt und Eberhard Schlotter – die Außenseite ihrer Freundschaft. München 1983, S. 16
264 Ebd., S. 22
265 BAA 110
266 BWSt 26
267 Arno Schmidt: Brief an Beheim-Schwarzbach. Zitiert aus: Marianne Diedel-Käßner: Keine Vereine! In: BB, Lfg. 137/April 1989, S. 7
268 BA II/2, 120
269 BA I/2, 297
270 BWSt 25
271 ES & AS, 25
272 BWSt 18–19
273 Prozesse, 224
274 Prozesse, 201 ff.
275 Prozesse, 219
276 Prozesse, 221
277 BWM 159
278 Drews: «Wer noch leben will, der beeile sich!», a. a. O., S. 21
279 BAA 104

280 Heinrich Böll: Brief an Arno Schmidt. In: Der Rabe Nr. 29, 1990, S. 175

281 BAA 110

282 BAA 133

283 Arno Schmidt: Brief an Pastor Schulz, zitiert aus: Friedhelm Rathjen: «Schmidt als Küster an St. Jürgen!». In: BB Lfg. 132–133/Januar 1989, S. 6

284 Ebd.

285 BWM 76

286 BWM 76

287 BWM 140

288 BWM 142

289 TbZ 261–262

290 VzZT 3

291 BA I/3, 118

292 BAA 106

293 TbZ 321

294 BWM 162

295 Hans Wollschläger: Arno Schmidt und Karl May. In: Akzente 37, H. 1 (Februar 1990), S. 87

296 Sitara, 359

297 Porträt, 289

298 Brief Hans Wollschlägers an die «Frankfurter Allgemeine Zeitung» vom 2. September 1957 (unveröffentl.)

299 Arno Schmidt: Brief an Hans Wollschläger vom 5. September 1957

300 Hans Wollschläger: Brief an Arno Schmidt vom 10. September 1957

301 Arno Schmidt: Brief an Hans Wollschläger vom 12. September 1957

302 Arno Schmidt: Brief an Hans Wollschläger vom 19. September 1957

303 Arno Schmidt: Brief an Hans Wollschläger vom 15. November 1957

304 BA II/1, 217

305 BA II/1, 215

306 BA II/1, 215

307 BA II/1, 216

308 BA II/1, 214

309 Hans Wollschläger: Brief an Arno Schmidt vom 16. November 1957

310 Hans Wollschläger: Brief an Arno Schmidt vom 27. Dezember 1958

311 Arno Schmidt: Brief an Hans Wollschläger vom 18. Januar 1961

312 Wollschläger: Arno Schmidt und Karl May, a. a. O., S. 90

313 Sitara, 113–114

314 Sitara, 204

315 Sitara, 204–205

316 Sitara, 359

317 Wollschläger: Arno Schmidt und Karl May, a. a. O., S. 91

318 Ebd., S. 87

319 BWM 276

320 Sitara, 336

321 Arno Schmidt an Kasimir Edschmid. In: AS 1914–1979, S. 150

322 BWM 242

323 Zitat aus: Porträt des Künstlers als gefallener Engel. Über Dylan Thomas. München 1990, S. 11

324 Arno Schmidt: Brief an Ernst Krawehl vom 18. Januar 1963. In: Der Raben-Kalender für das Jahr 1991 (Juli)

325 BWM 273

326 BWM 269

327 BWM 272–273

328 BWM 275

329 BWM 277

330 Peter Rühmkorf: Bausteine zu einem Arno-Schmidt-Denkmal. In: Arno Schmidt Preis 1986 für Peter Rühmkorf. Arno Schmidt Stiftung, Bargfeld o. J., S. 21

331 Jörg Drews: Caliban Casts Out Ariel. Zum Verhältnis von Mythos und Psychoanalyse in Arno Schmidts Erzählung «Caliban über Setebos». In: ders. (Hg.): Gebirgslandschaft mit Arno Schmidt. Grazer Symposion 1980. München 1982, S. 57

332 Arno Schmidt: Brief an Jörg Drews vom 13. September 1964. In: BB Lfg. 110–112/Januar 1987, S. 17

333 Joachim Kaiser: «Des Sengers Phall». In: BB Lfg. 5–6/November 1973, unpaginiert

334 Arno Schmidt: Brief an Ernst Krawehl vom 19. Januar 1964. In: Fiorituren & Pralltriller. Arno Schmidts Randbemerkungen zur ersten Niederschrift von Caliban über Setebos. Zürich 1988, unpaginiert

335 Freud-Zitat aus: BAA 229 (Anmerkung des Hg.)

336 BAA 229 (Anmerkung des Hg.)

337 BWM 236

338 Vgl. Von Arnheim zu Zettel's Traum. Begleitheft der dritten Ausstellung der Arno Schmidt Stiftung, Bargfeld. 1990/91, S. 2 ff.

339 BWM 286

340 BAA 247

341 BWM 289

342 BWM 295
343 ÜAS I, 189
344 ÜAS I, 189
345 Alice Schmidt: Brief an Ernst Krawehl vom 28. März 1969 (unveröffentl.)
346 Arno Schmidt: Brief an Hans Wollschläger vom 20. Dezember 1965
347 ES & AS, 166
348 ES & AS, 161
349 Jörg Drews: Brief an den Autor
vom 23. März 1991
350 BWM 321
351 BWM 321
352 ES & AS, 64
353 Hanns Grössel: Arno Schmidt /
Trommler beim Zaren. In: ÜAS I,
160–161
354 Hans-Michael Bock: Potz Geck
und kein Ende! Die Presse und
«Zettels Traum». In: Drews/Bock
(Hg.), S. 130–162
355 Ernst Krawehl: Brief an den Autor
vom 21. Oktober 1990
356 Alice Schmidt: Brief an Ernst Krawehl vom 28. März 1969
357 Vgl. Klappentext: Triton
358 Jörg Drews: «Zettels Traum» als
Raubdruck. In: Süddeutsche Zeitung, 6. August 1970
359 Wolfram Schütte: Bargfelder Ich.
Das Spätwerk und sein Vorgelände
(1973). In: Drews/Bock (Hg.), S.
82 ff.
360 Gert Ueding: Die gelehrte Traum-
welt des Arno Schmidt. In: Frankfurter Hefte, 1971, H. 11, S. 861–869
361 Jörg Drews: Brief an den Autor
vom 23. März 1991
362 Reinhart: Andersch, a. a. O., S. 707
(Anmerkung 42)
363 ÜAS I, 189
364 Oswald Wiener, in: Der Tagesspie-
gel, 5., 9. und 12. September 1971
365 Helmut Heißenbüttel: «Zettels
Traum» als dickes Buch. In: Arnold
(Hg.), Arno Schmidt. München
1971 (zweite, erweiterte Aufl.)
366 Jörg Drews: Arno Schmidt: «Zettels Traum», Seite 1. Ein Kommentar. In: BB Lfg. 9/Oktober 1974
367 ZT 443 lu.
368 ZT 443 lu.
369 ZT 912 ff.
370 ZT 913 mo.
371 ZT 24 lu–25 1o.
372 ZT 222 mu.
373 ZT 393 lu.
374 ZT 387 lm.
375 Oswald Wiener: Wir möchten auch
vom Arno-Schmidt-Jahr profitie-
ren. München 1979, S. 17
376 Jörg Drews: Brief an den Autor vom
15. März 1991
377 DG 29
378 BA II/1, 346–347
379 BWM 306 (Tagebuchauszug Alice
Schmidt)
380 Mündliche Mitteilung von Bernd
Rauschenbach
381 ES & AS, 201
382 ES & AS, 202
383 BA I/1, 203
384 BA I/3, 403
385 Rauschenbach: Arno Schmidt &
Design, a. a. O.
386 ZT 483 mm.
387 SdA 156 o.
388 SdA 261 m.
389 Arno Schmidt: Die Schule der
Atheisten. Erster Entwurf. Arno
Schmidt Stiftung, Bargfeld 1989, S.
20
390 Jörg Drews: «... der Zettlkasten er-
hällt die Welt». Süddeutsche Zeitung, 8. Juli 1972. In: ÜAS I, 271
391 BAA 231
392 DG 29
393 Reinhart: Andersch, Anmerkung
67, S. 712
394 DG 29
395 DG 29
396 Lenz Prütting: Arno Schmidt. In:
Kritisches Lexikon zur deutschsprachigen Gegenwartsliteratur. München 1978, S. 15
397 Julia 70 m.
398 Jan Philipp Reemtsma, Rolf Vollmann, Hans Wollschläger: Gespräch über Arno Schmidt: Die zwei
letzten Lebensjahrzehnte. In: Zettelkasten 10. Hg. von Rudi Schweikert. Frankfurt a. M. 1991, S. 27–28
399 TbZ 344
400 Julia 4 u.
401 Julia (Anhang)
402 Arno Schmidt: Traumstädte der
Prominenz. In: Abendzeitung,
München, 16. Mai 1964
403 BAA 237
404 BAA 241
405 BAA 241
406 BAA 241
407 Julia 100

Zeittafel

1914	18. Januar: Arno Schmidt wird in Hamburg-Hamm geboren. Vater: Friedrich Otto Schmidt (Polizei-Oberwachtmeister), Mutter: Clara Gertrud (geb. Ehrentraut), Schwester: Luzie Hildegard (geb. 18. März 1911)
1920	Besuch der Volksschule Pröbenweg; ab Ostern 1924 Realschule Brekelbaumspark
1928	Tod des Vaters; Umzug nach Lauban (Schlesien). Besuch der Oberrealschule in Görlitz
1933	Erste Gedichte entstehen. – Abitur (10. März); danach Besuch der Höheren Handelsschule in Görlitz; ab September arbeitslos
1934	Kaufmännischer Lehrling bei den Greiff-Werken in Greiffenberg; nach Abschluß der Lehre (31. Januar 1937) Graphischer Lagerbuchhalter (bis 10. April 1940)
1937	Hochzeit mit Alice Murawski (geb. 24. Juni 1916). – Arbeit an einer 7- und 10-stelligen Logarithmentafel (1948 beendet) und an dem Erzählfragment *Die Insel*
1938	Umzug nach Greiffenberg. – Einwöchige Reise nach England
1939	Reise nach Weimar und Oßmannstädt
1940	Einberufung zur leichten Artillerie nach Hirschberg; Dolmetscherlehrgang in Halle. – *Dichtergespräche im Elysium*
1941	Garnison Hagenau im Elsaß
1942	Abkommandierung nach Norwegen; Dienst in einer Schreibstube am Romsdalsfjord. Hier entstehen weitere Erzählungen (*Juvenilia*)
1945	Fronturlaub in Schlesien; Flucht; Rückmeldung in Ratzeburg, anschließend Fronteinsatz. Vom 16. April bis 29. Dezember britische Kriegsgefangenschaft; Entlassung nach Cordingen
1946	Die Schmidts wohnen in Cordingen und arbeiten beide als Dolmetscher an der Hilfspolizeischule Benefeld
1947	Freier Schriftsteller. – Neben der Arbeit an der Fouqué-Biographie entstehen die Erzählungen: *Enthymesis, Leviathan, Gadir, Alexander, Massenbach, Brand's Haide*
1950	Umsiedlung nach Gau-Bickelheim (Rheinhessen)
1951	Großer Literaturpreis der Akademie der Wissenschaften und Literatur in Mainz (zusammen mit Werner Helwig, Hans Hennecke, Oda Schaefer, Heinrich Schirmbeck). – *Schwarze Spiegel*. – Umzug nach Kastel bei Saarburg. – Es entstehen: *Die Umsiedler, Aus dem Leben eines Fauns, Seeland-*

schaft mit Pocahontas, Kosmas, Das steinerne Herz. Ab 1950/51 übernimmt Schmidt zur finanziellen Sicherung Übersetzungsaufträge

1952   Kontakt mit Martin Walser und Alfred Andersch beim Süddeutschen
Rundfunk in Stuttgart. Andersch regt Schmidt später an, Radio-Essays zu
schreiben

1953   Erster Briefkontakt mit Wilhelm Michels

1955   *Seelandschaft mit Pocahontas* erscheint in der von Andersch herausgege-
benen Zeitschrift «Texte und Zeichen» und provoziert eine Strafanzeige.
Am 26. Juli 1956 wird das Verfahren eingestellt. – Kontakt mit Ernst Krawehl, der Schmidt an den Stahlberg Verlag bindet. – Umzug nach Darmstadt. – Es entstehen: *Geschichten aus der Inselstraße, Tina oder über die
Unsterblichkeit, Goethe und Einer seiner Bewunderer, Die Gelehrtenrepublik, Fouqué und einige seiner Zeitgenossen*; Funkessays unter anderem
über Brockes, Wieland, Herder. – Bekanntschaft mit Eberhard Schlotter
und Hans Wollschläger

1958   Umzug nach Bargfeld, Kreis Celle. Hier entsteht der Roman *Kaff auch
Mare Crisium*; zwischen 1960 und 1963 die Erzählungen zu *Kühe in Halbtrauer*

1962   Arbeit an einer Studie über Karl May: *Sitara*

1963   Beginn einer Übersetzung der gesammelten Werke Poes (zusammen mit
Hans Wollschläger u. a.)

1964   Fontane-Preis

1965   Die Niederschrift von *Zettels Traum* beginnt. – Ehrengabe für Literatur
des Kulturkreises im Bundesverband der deutschen Industrie

1968   31. Dezember: Die 1334 großformatigen Seiten von *Zettels Traum* sind
fertig

1969   Fahrt mit dem Ehepaar Michels nach Tellingstedt an die Eider

1970   *Zettels Traum* erscheint und kurze Zeit später ein auf DIN A4-Format
verkleinerter Raubdruck. – Gründung des «Arno-Schmidt-Dechiffrier-
Syndikats»; ab September 1972 erscheint der «Bargfelder Bote» (Hg. Jörg
Drews)

1971   Niederschrift von *Die Schule der Atheisten*

1973   Goethe-Preis der Stadt Frankfurt a. M. – 17. Oktober: Tod der Mutter

1974   Beginn der Niederschrift von *Abend mit Goldrand*

1975   Übersetzung von James F. Coopers «Littlepage»-Trilogie (bis 1978)

1976   Materialsammlung zum Fragment gebliebenen Buch *Julia, oder die Gemälde*; Beginn der Niederschrift: 10. Februar 1979

1977   Bekanntschaft mit Jan Philipp Reemtsma, der zur finanziellen Absiche-
rung Schmidts beiträgt. – Plan und Entwurf eines Archivbaus. – 24. Juli:
Tod der Schwester in New York

1979   3. Juni: Arno Schmidt stirbt im Krankenhaus Celle an den Folgen eines
am 31. Mai erlittenen Gehirnschlags

1981   Alice Schmidt und J. P. Reemtsma gründen die Arno Schmidt Stiftung,
die die Werke herausgibt, den Nachlaß betreut, Haus und Archiv in Bargfeld verwaltet und einen Arno Schmidt Preis vergibt; bisherige Preisträ-
ger: Hans Wollschläger (1984), Wolfgang Koeppen (1984), Peter Rühmkorf (1986) und Karlheinz Deschner (1988)

1983   1. August: Alice Schmidt stirbt

Zeugnisse

Walter Jens
Ein toller Knabe. Zuerst denkt man: Blödsinn. Dann ärgert man sich. Ein Mann offenbar, der sich für ein Genie hält und sich so gebärdet. Man liest weiter. Man ist entzückt, man ist ergriffen. Dann kommen wieder Snobismen. Dann herrliche Bilder. Expressionismus mit drei Ausrufungszeichen.
«Württembergische Abend-Zeitung», 22. März 1950

Ernst Kreuder
Erstens: las man hier eigentlich noch, oder wurde man von dieser rigorosen Prosa gelesen? Nicht gerade in Schutt und Asche gelesen, aber doch ziemlich ramponiert zurückgelassen? Und zweitens: kann jemand nach dieser Neuen Prosa noch pedantisch eisern schreiben wie bisher?
«Der Standpunkt» (Meran), 18. Dezember 1953

Dieter E. Zimmer
‹Groß› ist das Buch auf jeden Fall. Es könnte schon sein, daß in ‹Zettel's Traum› das literarische Meisterwerk des Jahrhunderts steckt; es könnte sein, daß es sich um eine Art Streichholz-Eiffelturm in Originalgröße handelt, von einem Hobby-Berserker um den Preis seines Lebens erstellt. Vielleicht ist es auch beides.
«Die Zeit», 8. Mai 1970

Karl Heinz Bohrer
Was Arno Schmidt von ähnlich formal Begabten ... vor allem unterscheidet –, ist sein Humor. Humor nicht, wie man zunächst annehmen könnte, in seiner intellektualistischen Spielart, sondern als unmittelbare Qualität. Das geht bis in den zotigen Kalauer, hier ganz unspießig, sondern artistisch verspielt. Dieser Humor ist am intensivsten, wenn seine berechnende, kalkulierende Psychologie die menschlichen, allzumenschlichen Szenen zusammensetzt. Arno Schmidt, Realist und Phantast in einem, schrieb die menschliche Komödie weiter.
«Frankfurter Allgemeine Zeitung», 11. Juli 1973

Lars Clausen
Arno Schmidt nötigt uns nicht nur, andere mathematisch-politische Zeitrechnungen zu prüfen, er hält es auch mit den Ortsbestimmungen neu und nimmt sich also auch seine eigenen Plätze.

Aus der Laudatio zur Verleihung des Goethe-Preises der Stadt Frankfurt an Arno Schmidt, 28. August 1973

Armin Mohler
Schmidt wußte überall Schocks einzubauen, Frechheiten, lustige Wortspiele, sogar Kalauer, phonetische Schreibweise vor allem, kleine Lüsternheiten mit Pfiff – und diese zarten Schocks ließen die Sprache wie Sekt moussieren.

«Die Welt», 8. Juni 1979

Walter Kempowski
In allem, was er schrieb, wirkte er unglaublich jung und frisch. Sein Eigensinn wirkte nie wie Altersstarrsinn, eher wie jugendlicher Trotz. Hassen konnte er und schimpfen. Besessen war er und vielleicht auch pedantisch und auch voll Haß. Er war aber auch voll Liebe, wo er einen Ritter vom Geist gefunden hatte, und sein Einsatz für die, die er liebte, hatte etwas Selbstmörderisches.

«Die Zeit», 15. Juni 1979

Ludwig Harig
Gerade dies ist es, was mich von Anfang an gefesselt und nicht mehr losgelassen hat: Arno Schmidts entschiedene Ablehnung aller restaurativen Anstrengungen der 50er Jahre und seine radikale Abkehr von allen Institutionen, die diese Anstrengungen förderten.

«Deutsche Volkszeitung», 28. Juni 1979

Jürgen Manthey
Bei Schmidt liegt der Gegensatz zwischen banaler Existenz und extraordinärer Bildung sprachlich in einer so tiefen Schicht, daß er seiner Sprache gleichsam immanent ist. Dort ist er fortwährend witzig. Jede Aussage wirkt wie in ihre eigene Parodie getaucht. Nichts ist ernst und dabei doch von einem seltsam aufs Totale gerichteten, irgendwie immer triumphierenden Eifer. Nichts ist heilig, aber noch der letzte Kalauer hat etwas von einem letzten Wort. Ein Weltkorrektor unter der Maske des Clowns. Poeta buffonis. Aber eine Buffonerie von merkwürdig ehrgeizigem Anspruch universalen Bescheidwissens: der in jedem Fall recht habende (Privat-)Gelehrte der Aufklärung im Habitus erwiesener Vergeblichkeit und komischer Resignation.

«Text + Kritik» Nr. 20/20 a, 1986

Bibliographie

1. Bibliographien, Periodika, Hilfsmittel

BOCK, HANS-MICHAEL: Bibliografie Arno Schmidt 1949–1978. 2., verbesserte und ergänzte Aufl. München 1979

PRÜTTING, LENZ: Arno Schmidt – Werkverzeichnis, Sekundärliteratur. In. KLG – Kritisches Lexikon zur deutschsprachigen Gegenwartsliteratur. München 1978 ff.

SCHARDT, MICHAEL MATTHIAS: Bibliographie Arno Schmidt 1979 – (7) 1985. Mit Ergänzungen und Verbesserungen zur Arno-Schmidt-Bibliographie 1949–1978. Aachen 1985

Bargfelder Bote. Materialien zum Werk Arno Schmidts. Hg. von JÖRG DREWS. 1972 ff.

Zettelkasten. Aufsätze und Arbeiten zum Werk Arno Schmidts. Frankfurt a. M. 1984 ff.

Der Haide-Anzeiger. Mitteilungen zu Arno Schmidt. Hg. von DIETMAR NOERING. 1985 ff.

Schauerfeld. Mitteilungen der Gesellschaft der Arno-Schmidt-Leser. 1988 ff.

Die Bibliothek Arno Schmidts. Ein kommentiertes Verzeichnis seiner Bücher von DIETER GÄTJENS. Zürich 1991

2. Werke

a) Gesamtausgaben

Bargfelder Ausgabe. Werkgruppe I in 4 Bänden: Romane. Erzählungen. Gedichte. Juvenilia. Arno Schmidt Stiftung im Haffmans Verlag. Zürich 1986 ff. Werkgruppe II in 3 Bänden: Dialoge. Arno Schmidt Stiftung im Haffmans Verlag. Zürich 1990 ff. (Weitere Bände der Bargfelder Ausgabe in Vorbereitung) (BA)

b) Teilsammlungen, Auswahlausgaben

Das erzählerische Werk in 8 Bänden (Zürcher Kassette). Zürich 1985, Haffmans

Das essayistische Werk zur deutschen Literatur in 4 Bänden. Sämtliche Nachtprogramme und Aufsätze. Zürich 1988, Haffmans

Ausgewählte Werke in 3 Bänden. Hg. von CHRIS HIRTE. Mit einem Nachwort des Hg. im dritten Band. Berlin 1990, Volk und Welt

c) Einzelausgaben

Leviathan. Hamburg 1949, Rowohlt
Brand's Haide. Zwei Erzählungen. Hamburg 1951, Rowohlt
Die Umsiedler. 2 Prosastudien. Frankfurt a. M. 1953, Frankfurter Verlagsanstalt
Aus dem Leben eines Fauns. Kurzroman. Hamburg 1953, Rowohlt
Kosmas oder Vom Berge des Nordens. Krefeld, Baden-Baden 1955, Agis
Das steinerne Herz. Historischer Roman aus dem Jahre 1954. Karlsruhe 1956, Stahlberg
Die Gelehrtenrepublik. Kurzroman aus den Roßbreiten. Karlsruhe 1957, Stahlberg
Fouqué und einige seiner Zeitgenossen. Biografischer Versuch. Darmstadt 1958, Bläschke
Dya Na Sore. Gespräche in einer Bibliothek. Karlsruhe 1958, Stahlberg
Rosen & Porree. Karlsruhe 1959, Stahlberg (R&P)
Kaff auch Mare Crisium. Karlsruhe 1960, Stahlberg
Belphegor. Nachrichten von Büchern und Menschen. Karlsruhe 1961, Stahlberg
Sitara und der Weg dorthin. Eine Studie über Wesen, Werk & Wirkung Karl May's. Karlsruhe 1963, Stahlberg (Sitara)
Kühe in Halbtrauer. Karlsruhe 1964, Stahlberg
Die Ritter vom Geist. Von vergessenen Kollegen. Karlsruhe 1965, Stahlberg
Trommler beim Zaren. Karlsruhe 1966, Stahlberg (TbZ)
Der Triton mit dem Sonnenschirm. Großbritannische Gemütszergetzungen. Karlsruhe 1969, Stahlberg (Triton)
Zettels Traum. Stuttgart 1970, Goverts Krüger Stahlberg (ZT)
Die Schule der Atheisten. Novellen-Comödie in 6 Aufzügen. Frankfurt a. M. 1972, S. Fischer (SdA)
Abend mit Goldrand. Eine MärchenPosse. 55 Bilder aus der Lä/Endlichkeit für Gönner der VerschreibKunst. Frankfurt a. M. 1975, S. Fischer (AmG)
Vorläufiges zu Zettels Traum. (Kassette mit 2 Langspielplatten, Textheft und Beilagen) Frankfurt a. M. 1977, S. Fischer (VzZT)
Julia, oder die Gemälde. Scenen aus dem Novecento. Zürich 1983, Haffmans (Julia)
Dichtergespräche im Elysium (2 Bde.). Zürich 1984, Haffmans
... denn ‹wallflower› heißt ‹Goldlack›. Drei Dialoge. Zürich 1984, Haffmans (‹wallflower›)
Deutsches Elend. 13 Erklärungen zur Lage der Nation. Hg. von BERND RAUSCHENBACH. Zürich 1984, Haffmans (DE)
Arno Schmidts Arbeitsexemplar von Finnegans Wake by James Joyce. Zürich 1984, Haffmans
Das Leptothe=Herz. 16 Erklärungen zur Lage der Literaturen. Hg. von BERND RAUSCHENBACH. Zürich 1987, Haffmans
Arno Schmidts Wundertüte. Eine Sammlung fiktiver Briefe aus den Jahren 1948/49. Hg. von BERND RAUSCHENBACH, Zürich 1989, Haffmans (Wundertüte)
Griechisches Feuer. 13 historische Skizzen. Hg. von BERND RAUSCHENBACH. Zürich 1989, Haffmans
Stürenburg – und andere Geschichten. Hg. von BERND RAUSCHENBACH. Zürich 1990, Haffmans

3. Briefe

Briefe an Werner Steinberg. (16 Briefe aus den Jahren 1954–1957). Zürich 1985 (BWSt)
Der Briefwechsel mit Alfred Andersch. Mit einigen Briefen von Gisela Andersch,

Hans Magnus Enzensberger, Helmut Heißenbüttel und Alice Schmidt. Hg. von BERND RAUSCHENBACH. Zürich 1985 (BAA)
Der Briefwechsel mit Wilhelm Michels. Mit einigen Briefen von und an Elfriede Bokelmann, Erika Michels und Alice Schmidt. Hg. von BERND RAUSCHENBACH. Zürich 1987 (BWM)
Der Briefwechsel mit Eberhard Schlotter. Mit einigen Briefen von Dorothea Schlotter und Alice Schmidt. Hg. von BERND RAUSCHENBACH. Zürich 1991

4. Übersetzungen (Auswahl)

Stanislaus Joyce: Meines Bruders Hüter. Frankfurt a. M. 1960
James Fenimore Cooper: Conanchet oder die Beweinte von Wish-Ton-Wish. Stuttgart 1962
William Faulkner: New Orleans. Skizzen und Erzählungen. Stuttgart 1962
Stanislaus Joyce: Das Dubliner Tagebuch des Stanislaus Joyce. Hg. von GEORGE HARRIS HEALEY. Frankfurt a. M. 1964
Wilkie Collins: Die Frau in Weiß. Stuttgart 1965
Edgar Allan Poe: Werke in 4 Bde. Hg. von KUNO SCHUHMANN und HANS DIETER MÜLLER. Zusammen mit Hans Wollschläger u. a. Olten, Freiburg 1966–1973
Edward Bulwer-Lytton: Was wird er damit machen? Nachrichten aus dem Leben eines Lords. Stuttgart 1971
Edward Bulwer-Lytton: Dein Roman. 60 Spielarten Englischen Daseins. Frankfurt a. M. 1973
James Fenimore Cooper: Satanstoe. Bilder aus der amerikanischen Vergangenheit I. Frankfurt a. M. 1976
James Fenimore Cooper: Tausendmorgen. Bilder aus der amerikanischen Vergangenheit II. Frankfurt a. M. 1977
James Fenimore Cooper: Die Roten. Bilder aus der amerikanischen Vergangeheit III. Frankfurt a. M. 1978

5. Lebenszeugnisse

Porträt einer Klasse. Arno Schmidt zum Gedenken. Hg. von ERNST KRAWEHL. Frankfurt a. M. 1982 (Porträt)
Über Arno Schmidt. Rezensionen zum «Leviathan» bis zur «Julia». Hg. von HANS-MICHAEL BOCK. Mitarbeit und Redaktion von THOMAS SCHREIBER. Zürich 1984 (ÜAS I)
Der Rabe 12. Hg. von JAN PHILIPP REEMTSMA und BERND RAUSCHENBACH. Zürich 1985 (enthalten Dankadresse zum GoethePreis = DG)
«Wu Hi?» Arno Schmidt in Görlitz Lauban Greiffenberg. Hg. von JAN PHILIPP REEMTSMA und BERND RAUSCHENBACH. Zürich 1986 («Wu Hi?»)
Über Arno Schmidt II. Gesamtdarstellungen. Hg. von HANS-MICHAEL BOCK und THOMAS SCHREIBER. Zürich 1987 (ÜAS II)
In Sachen Arno Schmidt ./. Prozesse 1&2. Hg. von JAN PHILIPP REEMTSMA und GEORG EYRING. Zürich 1988 (Prozesse)
«Abend mit Goldrand». Eine Ausstellung zum 10. Todestag von Arno Schmidt. Katalog und Dokumentation. Hg. von MATTHIAS FRIEDRICH und JÖRG DREWS. Berlin (DDR) 1990
SCHWEIKERT, RUDI: Arno Schmidts Lauban. Die Stadt und der Kreis. Bilder und Daten. München 1990
Arno Schmidt 1914–1979. Katalog zu Leben und Werk. Zusammengestellt von AXEL DUNKER mit Hilfe der Arno Schmidt Stiftung. München 1990 (AS 1914–1979)

6. Gesamtdarstellungen

Pross, Wolfgang: Arno Schmidt. München 1980
Finke, Reinhard: ‹Der Herr ist Autor›. Die Zusammenhänge zwischen literarischem und empirischem Ich bei Arno Schmidt. München 1982
Martynkewicz, Wolfgang: Selbstinszenierung. Untersuchungen zum psychosozialen Habitus Arno Schmidts. München 1991

7. Aufsatzsammlungen

Arnold, Heinz Ludwig (Hg.): Arno Schmidt. TEXT + KRITIK. Aachen 1968; 2. Aufl.: München 1971; Heft 20/20 a: 3. Aufl.: München 1977; 4. Aufl.: Neufassung. München 1986
Der Solipsist in der Heide. Materialien zum Werk Arno Schmidts. Hg. von Jörg Drews und Hans-Michael Bock. München 1974 (Drews/Bock)
Gebirgslandschaft mit Arno Schmidt. Grazer Symposion 1980. Hg. von Jörg Drews. München 1982
Arno Schmidt. Das Frühwerk I. Erzählungen. Interpretationen von ‹Gadir› bis ‹Kosmas›. Hg. von Michael Matthias Schardt. Aachen 1987
Arno Schmidt. Das Frühwerk II. Romane. Interpretationen von ‹Brand's Haide› bis ‹Gelehrtenrepublik›. Hg. von Michael Matthias Schardt. Aachen 1988
Arno Schmidt. Das Frühwerk III. Vermischte Schriften. Interpretationen von ‹Die Insel› bis ‹Fouqué›. Hg. von Michael Matthias Schardt. Aachen 1989
Arno Schmidt. Leben – Werk – Wirkung. Hg. vom Michael Matthias Schardt und Hartmut Vollmer. Reinbek 1990

8. Untersuchungen

a) Allgemeines

(anonym): «„.–:!–:!!». In: Der Spiegel, Nr. 20, 13. Mai 1959
Bänsch, Dieter: Rückzug in die Heide. Über Arno Schmidts fünfziger Jahre. In: ders. (Hg.): Die Fünfziger Jahre. Beiträge zur Politik und Kultur. Tübingen 1985, S. 327–365
Barczaitis, Rainer: ‹Kein simpel-biedrer Sprachferge›. Arno Schmidt als Übersetzer. Frankfurt a. M. 1985
Baumgart, Reinhard: Böll, Koeppen, Schmidt – diese drei. In: Merkur. 1986. H. 7., S. 555–564
Blumenthal, Bert: Der Weg Arno Schmidts. Vom Prosatext zur Privatprosa. Bremen 1980
Brenner, Peter J.: Melancholische Aufklärung. Literarische Kunstruktion als Wirklichkeitskritik im Werk Arno Schmidts. In: Bargfelder Bote. 1981. Lfg. 55–56, S. 3–22
Bull, Reiner: Bauformen des Erzählens bei Arno Schmidt. Ein Beitrag zur Poetik der Erzählkunst. Bonn 1970
Burmeister, Roland: Die MusikStellen bei Arno Schmidt. Darmstadt 1991
Denkler, Horst: Der untrügliche Spürsinn des Genius für seinesgleichen. Arno Schmidts Verhältnis zu Wilhelm Raabe. In: Jahrbuch der Raabe-Gesellschaft. 1985, S. 138–153
Drews, Jörg: Work after the «Wake», or: A First Look at the Influence of James Joyce on Arno Schmidt. In: Bargfelder Bote. 1977. Lfg. 19, S. 3–14
Drews, Jörg: ‹Wer noch leben will, der beeile sich!› Weltuntergangsphantasien bei

Arno Schmidt. In: Apokalypse. Weltuntergangsvisionen in der Literatur des 20. Jahrhunderts. Hg. von GUNTER E. GRIMM, WERNER FAULSTICH und PETER KUON. Frankfurt a. M. 1989

DREWS, JÖRG: James Joyce und Arno Schmidt. In: Zettelkasten 10. Hg. von RUDI SCHWEIKERT. Frankfurt a. M. 1991, S. 183–195

FLEMMING, GÜNTHER, und HEIDI ROCH-STÜBLER (Hg.): Eberhard Schlotter & Arno Schmidt: «Viele gemEinsame Wege». Eberhard Schlotter Stiftung. Hildesheim 1989 (ES & AS)

FLEMMING, GÜNTHER: Letternspuren. Arno Schmidt und Eberhard Schlotter – die Außenseite ihrer Freundschaft. München 1983

GNÜG, HILTRUD: Warnutopie und Idylle in den fünfziger Jahren. Am Beispiel Arno Schmidts. In: dies. (Hg.): Literarische Utopie-Entwürfe. Frankfurt a. M. 1982, S. 277–290

GRADMANN, STEFAN: Das Ungetym. Mythologie, Psychoanalyse und Zeichensynthesis in Arno Schmidts Joyce-Rezeption. München 1986

HÄNTZSCHEL, GÜNTHER: Arno Schmidt, ein verkannter Idylliker. In: Germanisch-Romanische Monatsschrift. Neue Folge. 1976. H. 3/4, S. 307–321

HEISSENBÜTTEL, HELMUT: Annäherung an Arno Schmidt. In: ders.: Über Literatur. Aufsätze. Olten 1966, S. 56–70

HERZOG, REINHART: Glaucus adest. Antike-Identifizierungen im Werk Arno Schmidts. In: Bargfelder Bote. 1975. Lfg. 14, S. 3–27

HINK, WOLFGANG: Der Ausflug ins Innere der eigenen Persönlichkeit. Zur Funktion der Zitate im Werk Arno Schmidts. Heidelberg 1989

HUERKAMP, JOSEF: «Gekettet an Daten & Namen». Drei Studien zum ‹authentischen› Erzählen in der Prosa Arno Schmidts. München 1981

KUHN, DIETER: Das Mißverständnis. Polemische Überlegungen zum politischen Standort Arno Schmidts. München 1982

LOWSKY, MARTIN: Zählen und Erzählen. Über Arno Schmidt mathematicus. In: Zettelkasten 10. Hg. von RUDI SCHWEIKERT. Frankfurt a. M. 1991, S. 233–254

MALCHOW, BARBARA: «Schärfste Wortkonzentrate». Untersuchungen zum Sprachstil Arno Schmidts. München 1980

MANTHEY, JÜRGEN: «Als Pionier auf Einmannpfaden». Arno Schmidt im Briefwechsel mit Wilhelm Michels. In: Merkur. 1987. H. 460, S. 508–513

MANTHEY, JÜRGEN: Arno Schmidt. In: Genie und Geld. Vom Auskommen deutscher Schriftsteller. Hg. von KARL CORINO. Nördlingen 1987, S. 465–479

MARTYNKEWICZ, WOLFGANG: Die Ästhetik des Überlebens, oder: «aus jeder Cat'astrophe ‹1 Geschichte› machn». In: Bargfelder Bote. 1988. Lfg. 128, S. 3–15

MINDEN, MICHAEL R.: Arno Schmidt. A Critical Study of His Prose. Cambridge 1982

POSTMA, HEIKO: Aufarbeitung und Vermittlung literarischer Traditionen. Arno Schmidt und seine Arbeiten zur Literatur. Hannover 1975

RASCH, WOLFGANG: Arno Schmidts Zeitungsartikel. Eine Studie über Werden, Wesen und Wirkung der journalistischen Brotarbeiten Arno Schmidts zwischen 1954 und 1971. Frankfurt a. M. 1988

RATHJEN, FRIEDHELM: Ein Snapshot gehört nicht ins Fotoalbum oder Präliminarien zur Rekonstruktion eines Dreiecksverhältnisses: Proust, Huxley, Schmidt. In: Bargfelder Bote. 1987. Lfg. 113–114, S. 3–19

RATHJEN, FRIEDHELM: «... schlechte Augen»: James Joyce bei Arno Schmidt vor «Zettels Traum». Ein annotierender Kommentar. München 1988

RATHJEN, FRIEDHELM: Reziproke Radien. Arno Schmidt und Samuel Beckett. München 1980

RAUSCHENBACH, BERND: Arno Schmidt & Design. Wenn sich eine Briefklammer derart sperrt, daß soll mam achten. Darmstadt 1990

REICH-RANICKI, MARCEL: Arno Schmidts Welt oder Eine Selfmadeworld in Halbtrauer. In: ders.: Literatur der kleinen Schritte. Deutsche Schriftsteller heute. München 1967, S. 285–311

SCHNEIDER, MICHAEL: Bilanzen des Scheiterns. Raum, Wirklichkeit und Subjekt in Arno Schmidts Werken. Frankfurt a. M. 1984

SCHÜTTE, WOLFGANG: Bargfelder Ich. Das Spätwerk und sein Vorgelände. In: Neue Rundschau. 1973. H. 3, S. 531–545

STEINWENDER, ERNST-DIETER: «Mein Leben?!: ist kein Kontinuum!» Existenzphilosophische Motive im Frühwerk Arno Schmidts. In: Bargfelder Bote. 1983. Lfg. 73–74, S. 3–31

SUHRBIER, HARTWIG: Zur Prosatheorie von Arno Schmidt. München 1980

THOMÉ, HORST: Natur und Geschichte im Frühwerk Arno Schmidts. München 1981

WENINGER, ROBERT: Arno Schmidts Joyce-Rezeption 1957–1970. Ein Beitrag zur Poetik Arno Schmidts. Frankfurt a. M., Bern 1982

WOLFFHEIM, ELSBETH: Hans Henny Jahnn – «einer aus der ‹Sybillengilde›». In: Bargfelder Bote. 1987. Lfg. 121, S. 3–11

WOLLSCHLÄGER, HANS: Die Insel und einige andere Metaphern für Arno Schmidt. Rede zur Verleihung des Arno Schmidt Preises am 18. Januar 1982 in Bargfeld. Arno Schmidt Stiftung, Bargfeld (1982), S. 19–62

b) Zu einzelnen Werken

ANDERSCH, ALFRED: Düsterhenns Dunkelstunde oder Ein längeres Gedankenspiel. In: Merkur. 1972. H. 2, S. 133–144

BRÖER, KARL-ERNST: Die Geburt der 4. Instanz aus dem Geiste der Impotenz. Zur ‹Mühdtollogie› in «Zettels Traum». In: Bargfelder Bote. 1982. Lfg. 58–60, S. 15–27

DENKLER, HORST: Das heulende Gelächter des Gehirntiers. Vorläufiges über Zettels Traum von Arno Schmidt. In: Basis 2. Jahrbuch für deutsche Gegenwartsliteratur. Frankfurt a. M. 1972

DIEDEL-KÄSSNER, MARION: «Das steinerne Herz»: Arno Schmidts «Wahlverwandtschaften». In: Bargfelder Bote. 1988. Lfg. 129–130, S. 3–18

DREWS, JÖRG: «Zettels Traum», Seite 1 (ZT 4). Ein Kommentar. In: Bargfelder Bote. 1974. Lfg. 9 (unpaginiert)

DREWS, JÖRG: Ein Kratersturz ins Unbewußte. Zur Konstruktion von Traum und Tagtraum in Arno Schmidts Roman «Kaff auch Mare Crisium» (1960). In: Psyche. 1981. H. 12, S. 1103–1121

DREWS, JÖRG: Caliban casts out Ariel. Zum Verhältnis von Mythos und Psychoanalyse in Arno Schmidts Erzählung «Caliban über Setebos». In: Protokolle. 1981. H. 2, S. 145–160

DREWS, JÖRG, und HEINRICH SCHWIER (Hg.): «Lilienthal oder die Astronomen». Historische Materialien zu einem Projekt Arno Schmidts. Mit einem Nachwort von JOSEF HUERKAMP. München 1984

DUNKER, AXEL: «Njus fromm hell». Dualistische Prinzipien in Schmidts Erzählung «Caliban über Setebos». In: Bargfelder Bote. 1990. Lfg. 146–147, S. 9–26

GOERDTEN, ULRICH: Symbolisches im Genitalgelände. Arno Schmidts «Windmühlen» als Traumtext gelesen. In: Protokolle. 1980. H. 1, S. 3–28

HINRICHS, BOY: Utopische Prosa als Längeres Gedankenspiel. Untersuchungen zu Arno Schmidts Theorie der Modernen Literatur und ihrer Konkretisierungen in «Schwarze Spiegel», «Die Gelehrtenrepublik» und «Kaff auch Mare Crisium». Tübingen 1984

HUERKAMP, JOSEF: Nr. 8. Materialien und Kommentar zu Arno Schmidts «Das steinerne Herz». München 1979

JAUSLIN, KURT: Die Welt im Kopf des Einen. Über die Rolle der ‹variedad del mundo› des Hieronymus Bosch in Arno Schmidts «Abend mit Goldrand». In: Bargfelder Bote. 1980. Lfg. 41–42, S. 3–32

JAUSLIN, KURT: Robinsons Archive oder Der 6. Dezember. In: Bargfelder Bote. 1985. Lfg. 87–88, S. 3–22

KAISER, JOACHIM: Des Sengers Phall. Assoziation, Dissoziation, Wortspiel, Spannung und Tendenz in Arno Schmidts Orpheus-Erzählung «Caliban über Setebos». Eine Nachprüfung: In: Bargfelder Bote. 1973. Lfg. 5–6 (unpaginiert)

KUHN, DIETER: «Der Meisterdieb». Ein Beitrag zu Schmidts Umgang mit älteren Kollegen. In: Bargfelder Bote. 1981. Lfg. 57, S. 3–18

KUHN, DIETER: Kommentierendes Handbuch zu Arno Schmidts Roman «Aus dem Leben eines Fauns». München 1986

KUHN, DIETER: Mannert: ich danke dir. Über eine Quelle zu Arno Schmidts «Kosmas». In: Bargfelder Bote. 1989. Lfg. 134–136, S. 4–33

MEYER, LOTHAR (Hg.): In christlicher Nacht. Ein Handbuch zu Arno Schmidts «Kosmas». München 1989

MORLANG, WERNER: Die Problematik der Wirklichkeitsdarstellung in den Literaturessays von Arno Schmidt. Bern, Frankfurt a. M. 1982

NOERING, DIETMAR: Der «Schwanz-im-Maul». Arno Schmidt und die Gnosis. In: Bargfelder Bote. 1982. Lfg. 63, S. 3–18

NOERING, IRMTRAUD und DIETMAR: Der Knopf im Rosengarten. Anregungen und Hilfen zu einer Interpretation von Arno Schmidts Erzählung «Seelandschaft mit Pocahontas». Frankfurt a. M. 1985

PRÜTTING, LENZ: «WeltunterganksSchtimmunk». Einige Anmerkungen zur Theateraufführung KAFF 68 ff. In: Bargfelder Bote. 1984. Lfg. 77–78, S. 3–16

ROSENBERG, LEIBL: Das Hausgespenst. Ein begleitendes Handbuch zu Arno Schmidts «Die Schule der Atheisten». München 1977 – Ergänzungsband in Zusammenarbeit mit KLAUS JÜRGEN und HEDWIG PAULER. München 1979

SCHILLOW, CHRISTIANE: Die «Inseln» seiner Sehnsucht: Variationen des Insel-Motivs bei Arno Schmidt am Beispiel von «Schwarze Spiegel». In: Bargfelder Bote. 1987. Lfg. 116–118, S. 22–43

SCHWARZE, WERNER: Ägyptologie in «Caliban über Setebos». Ein Deutungsversuch. München 1980

STEINWENDER, ERNST-DIETER: «Da ist es sehr einsam, hinten an der Saar». Arno Schmidts «Schlüsseltausch» als Traumtext. In: Bargfelder Bote. 1987. Lfg. 122–123, S. 13–28

STOLTE, HEINZ, und GERHARD KLUSSMEIER: Arno Schmidt & Karl May. Eine notwendige Klarstellung. Hamburg 1973

STÜNDEL, DIETER: Register zu Zettels Traum. Eine Annäherung. München 1974

STÜNDEL, DIETER H.: Arno Schmidt «Zettels Traum». 2., verbesserte Aufl. Frankfurt a. M. 1984

VOLLMANN, ROLF: Im Lande Kolderups unter den Laubengängen der Eider. Eine Reise auf den Spuren von Arno Schmidt und Jules Verne. Mit Bleistiftzeichnungen von PETER PIENING. Tübingen 1988

WOHLLEBEN, ROBERT: Götter und Helden in Niedersachsen. Über das mythologische Substrat des Personals in «Caliban über Setebos». In: Bargfelder Bote. 1973. Lfg. 3 (unpaginiert)

WOLLSCHLÄGER, HANS: Arno Schmidt und Karl May. In: Akzente 37. H. 1 (Februar 1990), S. 78–95

Über den Autor

Wolfgang Martynkewicz, geboren 1955, studierte Literaturwissenschaft, Soziologie und Psychologie in Berlin, Bielefeld und Konstanz. 1990 Promotion zum Dr. phil. mit einer Studie über Arno Schmidt, als Buch erschienen unter dem Titel «Selbstinszenierung» (1991). Arbeitet zur Zeit an einem DFG-Forschungsprojekt zum Einfluß technischer Medien auf die Schreibweise Arno Schmidts.